Die schönsten Wanderungen

Tiroler Berge

◀ Wandertouren in den Tiroler Bergen

Horst Höfler · Gerlinde Witt

Die schönsten Wanderungen

Tiroler Berge

Vom Kaisergebirge bis zum Karwendel

35 Touren mit Routenkarte

Wanderungen für jedes Alter – vom gemütlichen Spaziergang bis zur zünftigen Gipfeltour

VERLAGSANSTALT ATHESIA | BOZEN

UMSCHLAGBILD

Blick von den Kitzbüheler Alpen zum Brandenberger Kamm mit Pendling, Köglhörndl und Hundalmjoch

BILD SEITE 2

Krenspitz und Hinteres Sonnwend- vom Wildalmjoch

Jeder Wandervorschlag ist mit einer Nummer gekennzeichnet.
Die Nummern auf der Übersichtskarte entsprechen den fortlaufenden Nummern der einzelnen Wanderungen.

BENUTZERHINWEIS

Alle Angaben in diesem Wanderführer wurden von den Autoren sorgfältig recherchiert. Sollten Sie bei Ihren Wanderungen dennoch Unstimmigkeiten bemerken, nimmt der Verlag Ihre Hinweise gerne entgegen (buchverlag@athesia.it).
Die Benutzung dieses Wanderführers erfolgt auf eigenes Risiko. Eine Haftung für etwaige Unfälle und Schäden wird weder von den Autoren noch vom Verlag übernommen.

BIBLIOGRAFISCHE INFORMATION DER DEUTSCHEN NATIONALBIBLIOTHEK

Die Deutsche Nationalbibliothek verzeichnet diese Publikation in der Deutschen Nationalbibliografie; detaillierte bibliografische Daten sind im Internet abrufbar: http://dnb.d-nb.de

2011

Fotos: Robert Fankhauser, Seite 86; Olympiaregion Seefeld, Seite 94, 97; Feiersinger, Seite 106; Ferdinand Pedevilla, Seite 110; restliche Fotos Horst Höfler und Gerlinde Witt

Wegkarten: © by Rolle Kartografie
Zeheterstraße 7, D-83607 Holzkirchen

Design: Athesiaverlag, Marion Prossliner

Layout & Druckvorstufe: MK-MediaSolutions GmbH, München

Druck: Athesiadruck, Bozen

ISBN 978-88-8266-653-8

www.athesiabuch.it
buchverlag@athesia.it

Vorwort

Liebe Bergfreunde,

nur einen Teil der zauberhaften Gebirgslandschaft Tirols können wir Ihnen hier vorstellen, aber der hat es in sich: Da ist der kalkhelle Fels des Kaiser- und des Karwendelgebirges, der ebenso grasige wie steinige Rofan; da wären die überwiegend sanften Schieferberge der Kitzbüheler – ein echtes Bergwanderparadies – und die Dreitausenderregion der Zillertaler. Dass zwei der vorgestellten Touren direkt an der Grenze zum Land Salzburg liegen, sollte nicht stören. Die Verfasser konnten der Schönheit jener Unternehmungen einfach nicht widerstehen.

Es ist für jede(n) etwas dabei. Kurze Wandertouren mit der Familie samt Senioren ebenso wie ausgefüllte Tages-Bergausflüge und – auf Varianten – sogar prickelnde Aufgaben für bergsteigerisch Anspruchsvolle. Sämtliche Routen wurden von den Autoren Schritt für Schritt selbst erwandert, die meisten nicht nur einmal, sondern immer wieder – weil sie so viel Freude bereiten.

An dieser Freude möchten wir Sie, liebe Leser, ein wenig teilhaben lassen, wenngleich auch noch so gute Beschreibungen gegenüber dem eigenen Erlebnis immer etwas blass wirken. Lassen Sie sich trotzdem verführen! Erfahren Sie selbst die steinige Öde der Loferer, die schroff aufstrebenden Zacken und glatten Wände des Kaisers, die liebliche und zugleich herbe Rofan-Hochfläche, die himmelstürmenden Laliderer, die aussichtsreichen Grasberge der Kitzbüheler und die Gletscher-/Urgesteinswelten der Zillertaler. Erleben Sie das schöne Bergland Tirol von seinen besten Seiten. Dazu wünschen wir Ihnen leuchtende Tage und gesunde Wiederkehr

Ihr(e)
Horst Höfler und Gerlinde Witt

INHALT

Einleitung

Die schönsten Wanderungen in den Tiroler Bergen – welches Werk mag einem solchen Anspruch gerecht werden? Wanderführer sind immer subjektive »Best-of-Stücke«, Lieblingstouren der Autoren, die meinen, dass »ihre« Unternehmungen wert sind, einem größeren Leserkreis vorgestellt zu werden. Neben den berühmten Gruppen Kaisergebirge, Rofan und Karwendel liegt ein Schwerpunkt auf den sommerlichen Kitzbüheler Alpen mit ausgesucht pfiffigen Routen (manche davon waren bislang noch in keinem Tourenführer beschrieben!), mit Touren in den Chiemgauer Alpen, im Brandenberger Kamm und sogar zu zwei beachtlichen, landschaftlich überaus attraktiven Dreitausenderrouten in den Zillertaler Alpen.

Tourenpalette

Viele der exakt und ausschließlich aus eigener Kenntnis der Autoren beschriebenen Unternehmungen sind leicht und familiengeeignet – manche würden auch sagen »enkel«- und »best-ager«- bzw. »seniorengerecht«. Es sind aber auch Ziele darunter, die die sehr geübten Bergwanderfreunde, ja fast schon die Bergsteiger fordern: einer der Dreitausendergipfel, aber auch ein Kitzbüheler-Steilgrasziel. Wer sich nicht sicher ist, sollte sich für solche Touren (»Tourencharakter« studieren!) sehr erfahrene Begleiter mitnehmen. Im Gebirge kann's bekanntermaßen auch mal gefährlich werden. (Wobei die An- und Rückfahrt mit dem Auto eigentlich die bedenklicheren Phasen des Tourentages ausmachen.)

Tourenklassifizierung

Unterhalb der jeweiligen Tourennummer sind für eine erste Grobeinschätzung (die Feineinschätzung ergibt sich ebenfalls aus »Tourencharakter«) kleine, farbige Balken gelegt: blau, rot und schwarz.

Blau Einfache Wege, die keine Gefahrenstellen aufweisen, kein Orientierungsvermögen erfordern und wegen ihrer Kürze und des geringen Höhenunterschieds problemlos von Familien mit Kindern oder älteren Bergfreunden zu bewältigen sind.

Rot Teils schmale, steile Bergsteige im alpinen Gelände, mitunter ausgesetzte Passagen oder kurze Klettersteigstellen in Absturzgelände, das Trittsicherheit und Schwindelfreiheit verlangt.

Schwarz Bergpfade oder Wegspuren in alpinem und hochalpinem Gelände, die über längere Strecken ausgesetzt in Absturzterrain verlaufen und deren Bewältigung ein gerüttelt Maß an Bergerfahrung voraussetzt. Absolute Schwindelfreiheit und perfekte Trittsicherheit sind Voraussetzung, meist auch ausreichend Kondition sowie gute Wege- und Wetterverhältnisse.

Hauptgefahrenquellen

Dass die meisten Bergunglücke beim Wandern passieren, ist mittlerweile eine Binsenweisheit. Herz-/Kreislaufüberlastung sowie mangelnde Konzentration auf den Weg wegen fehlender Kondition und daraus resultierender Schwäche sind die Hauptursachen von Unfällen im Gebirge. Das bedeutet: Man sollte nicht untrainiert z. B. eine Sieben-Stunden-Tour wie die von Alpbach zum Wiedersbergerhorn nach Inneralpbach über Sagtalerspitze und Gamskopf angehen.
Natürlich ist auch auf die Verhältnisse zu achten: Feuchter oder nasser Boden, Neu- oder Altschnee oder Vereisung sind witterungsbedingte Umstände, die selbst unter Normalbedingungen leichte Unternehmungen schwierig gestalten können. Also: Nie über die persönliche Leistungsgrenze gehen, am besten weit darunter bleiben!
Eines gilt nach wie vor: Jede Tour steht und fällt mit dem Wetter. Wer bei Gewitterneigung aufbricht und nicht schnell genug unterwegs zu sein vermag, läuft Gefahr, vom Blitz erschlagen zu werden. Wer sich an vereistem Weg oder an nassem Steilgras nicht zu halten versteht, kann abstürzen. Der Alpenvereinswetterbericht ist ein Segen für alle Bergsteiger. Die Prognosen der Innsbrucker Wetterfrösche sind weitestgehend exakt. Telefonische persönliche Beratung: +43 512 29 16 00 (Mo–Sa 13–18 Uhr); www.alpenverein.at

Ausrüstung und Orientierung

Dass Regen- und Kälteschutz im Rucksack zu sein haben, bedarf keiner Diskussion. Wo ein Klettersteigset angebracht erscheint, kann man dies unter »Tourencharakter« nachlesen. Wie eine »normale Bergwanderausrüstung« (Teleskop-Tourenstöcke sind heutzutage nicht mehr wegzudenken) auszusehen hat, darf als bekannt vorausgesetzt werden. Die beiden Dreitausendertouren können Grödel, wenn nicht gar Leichtsteigeisen verlangen (Hüttenwirt kontakten;

er weiß um die Verhältnisse vor Ort). Der Eispickel aber wird allemal entbehrlich sein.
Als Orientierungshilfen genügen neben diesem Führer die empfohlenen Gebirgskarten. Ein GPS-Gerät ist im beschriebenen markierten Tourengelände entbehrlich.

Anfahrt zum Ausgangspunkt

Genannt sind die Hauptzufahrten mit dem Kfz. aber auch jene mit Bahn und Bus. Wo diese aber allzu »tourenfeindlich« erscheinen, unterblieb die Beschreibung mit »Öffentlichen«.

Gehzeiten

Zugrunde gelegt sind reine Gehzeiten ohne Pausen. Sie basieren auf einer Aufstiegsleistung von ca. 350 Höhenmetern pro Stunde bei ca. 4 Kilometern Weglänge. Beim Abstieg sind 500 Höhenmeter pro Stunde leicht zu schaffen.

Übernachtung

Unter »Einkehr« sind oft Alpenvereins-Schutz- oder sonstige Hütten genannt. Wenn eine Tour um die oder über acht bis zehn Stunden reiner Gehzeit verlangt, liegt es auf der Hand, dass man sich diese Unternehmung auf zwei Tage aufteilt, also in der Hütte übernachtet. Hier möchten die Autoren die mündigen Bergsteiger fordern, die selbst entscheiden können, welche Routen gemeint sind. Nur eins: Die Dreitausender gehören auf jeden Fall dazu. Aber auch für andere Touren kann die Übernachtung auf einer Hütte nicht schaden.

Alarmierung der Bergrettung

Sollte bei aller Vorsicht doch einmal ein Unfall passieren: Die meisten Bergnotmeldungen werden mit dem Handy abgegeben (europäische **Notrufnummer 112**; außerhalb Deutschlands nur über Mobiltelefon; wird auf die landesüblichen Rufnummern weitergeleitet). Doch nach wie vor gibt es Zonen im Funkschatten, weshalb die Kenntnis des Alpinen Notsignals von elementarer Bedeutung ist.
Das alpine Notsignal kann mit sichtbaren Zeichen (Tuch, Lampe usw.) oder hörbaren Zeichen (lautes Rufen, Pfeifen) gegeben werden: 6 Mal pro Minute in regelmäßigen Abständen ein Signal – 1 Minute Pause – dann wiederholen, so lange, bis eine Antwort erfolgt.

Antwortsignal der Rettungsmannschaften: 3 Mal pro Minute in regelmäßigen Abständen ein Signal – 1 Minute Pause – Wiederholung

Unfallmeldung

Um einen raschen Rettungseinsatz zu gewährleisten, müssen die Angaben kurz und präzise sein. Das »5-W-Schema« hat sich durchgesetzt:

WER	meldet den Unfall (Name, Telefonnummer)?
WO	ist das Unfallgebiet? Gibt es Flughindernisse (z. B. Freileitungen, Materialseilbahnen usw.)?
WAS	ist geschehen?
WIE VIELE	Personen brauchen Hilfe?
WETTER	im Unfallgebiet (Sicht, Nebel, Wind usw.)?

Beim Hubschraubereinsatz

- Landeplatz markieren (mit Rucksack, Steinen, aber keinen aufragenden Gegenständen),
- lose Gegenstände sichern, damit nichts herumfliegt,
- auf sich aufmerksam machen.

Hubschrauber einweisen:

- nur durch eine Person,
- mit dem Rücken zum Wind,
- stehen bleiben, auch wenn der Hubschrauber sehr nahe kommt,
- den Anweisungen der Besatzung folgen.

Aktuelle Informationen: www.alpine-auskunft.com

Last but not least: Wer immer innerhalb seiner Leistungsgrenzen und hochkonzentriert unterwegs ist, kann Unfälle von vornherein vermeiden. Es gilt, derart diszipliniert zu sein, als hätte man kein Handy im Rucksack bzw. kenne das Alpine Notsignal nicht. Die unfallfreie Tour bzw. die gesunde Rückkehr ins Tal ist unser oberstes Gebot. Folgt man dieser Maxime, wird man evtl. bis ins höhere Alter glücklich im Gebirge unterwegs sein können. Das wünschen die Autoren allen Nutzern dieses Führers.

Zur Rudersburg

Der Kössener Hausberg

Der Brunnen der Naringalm im spätherbstlichen Neuschnee

Die Wanderung im Überblick: Kössen-Staffen – Naringalm – Rudersburg – Wetterfahne – Hinhageralm – Kössen-Staffen

Talort: Kössen

- mittel
- 8 km
- 4 ½ Std.
- 950 Hm
- 950 Hm
- ab 14

Ausgangs-/Endpunkt: Ortsteil Staffen (ca. 600 m)

Höhenunterschied: 830 bzw. 950 m

Höchster Punkt: 1430 m

Gehzeit: 4 – 4 ½ Std.

Tourencharakter: Am Gipfelaufbau ist absolute Trittsicherheit gefragt

Einkehrmöglichkeit: unterwegs keine

Karte 1 : 50.000: BLVA, Chiemsee und Umgebung,

Auskunft: Tourismusverband Kaiserwinkl, Tel. +43 501 100

■ Wenn man im Tal der Tiroler Achen aus Richtung Chiemsee einwärts fährt, erkennt man links von Geigel- und Breitenstein einen kecken Gipfel. Von Kössen aus gesehen sieht er wesentlich gangbarer aus. Doch der Gipfelbereich »wehrt« sich ringsum mit steilen Felsabbrüchen. Durch diese windet sich in raffinierter Wegführung ein Steiglein und gibt der Rudersburg ihre ganz eigene Würze.

➡ **Anfahrt:** mit dem Auto ab Inntalautobahnausfahrt (A 93) Oberaudorf/Niederndorf auf der österreichischen B 172 über Niederndorf und Walchsee nach Kössen. An der Hauptstraßenkreuzung (Kreisel) auf der B 176 nach links (N) in den Ort und noch ein Stück Richtung Schleching fahren, bis wiederum nach links eine Brücke über die Tiroler Achen führt. Über sie (Sportzentrum) und bei der nächsten Straßenabzweigung nach rechts. Am Ende dieser Straße, jenseits des Talbachs, Parkmöglichkeiten.

➡ **Wegverlauf:** vom Parkplatz in Kössen-Staffen kurz auf Fahrweg nach Westen, bis man auf die rechts (nördl.) hinaufführende Almstraße trifft. Auf ihr in den Wald und an den Südosthängen der Wetterfahne aufwärts. Man kommt an einer Felswand vorbei (Klettergarten). Die an einer Kehre nach Norden weiterführende Forststraße bleibt unbeachtet. Bald zweigt nach rechts der Weg zur

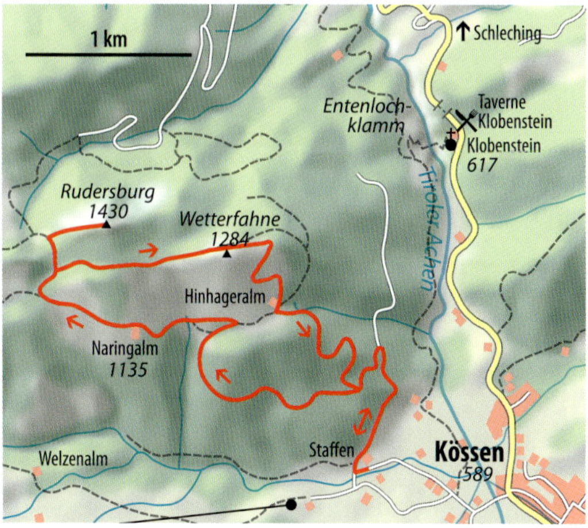

Hinhageralm ab. Wir können ihn jetzt oder beim Abstieg begehen. Zur Naringalm (1135 m) wandert man geradeaus weiter. Das Almsträßchen leitet entlang eines gen Westen gerichteten Hanges dorthin (schöner Rastplatz, 1½ Std.). Von der Naringalm sanft ansteigend in Westrichtung weiter, dann nördlich in einem Tälchen zum nun sichtbaren steilen Gipfelaufbau. Durch Bergwald hinauf und auf schmalem Pfad steil in Kehren an den Felssockel. Die Markierung leitet über dessen »schwächste« Stellen (einige Felsen) hinweg aufs kleine Plateau mit dem Gipfelkreuz (+50 Min.).

Nur auf der Anstiegsroute über den Gipfelaufbau hinab, dann aus dem erwähnten Tälchen wie beim Aufstieg (+1½ Std.). Oder bei markierter Abzweigung nach links (östl.) und auf den südlich unterhalb des Rudersburg-Gipfelaufbaus verlaufenden Kamm. In Ostrichtung zur Wetterfahne (1284 m; auch Wetterkreuz). Von dort dem Weg folgend erst östlich, dann südlich zur Hinhageralm (1010 m) hinab. Nun auf dem Almweg in weiten Schleifen südöstl. abwärts zur Anstiegsroute (insgesamt bis Staffen ½ Std. länger).

Ausblick von der Rudersburg zum Geigelstein

Zum Brennkopf

Wiesenhügel überm Walchsee

Am Fuß des Brennkopfs liegt das ausgedehnte Moorgebiet der Schwemm, an dessen Nordwestrand leider ein Golfplatz angelegt wurde.

Die Wanderung im Überblick: Walchsee – Brennalm – Brennkopf – Knollalm – Hitscheralm – Kitzbichl – Schwemm-Ankerwald – Walchsee

Talort, Ausgangs-/Endpunkt: Walchsee (658 m)

Höhenunterschied: 695 m

Höchster Punkt: 1353 m

Gehzeit: 5 Std.

Tourencharakter: leicht und somit auch für kleinere Kinder geeignet

Einkehrmöglichkeit: unterwegs keine

Karte 1:50.000: ÖK Blatt 90, Kufstein

Auskunft: Tourismusverband Kaiserwinkl, Tel. +43 501 100

leicht
11 km
5 Std.
695 Hm
695 Hm
ab 6

■ Seine grasige, ebenmäßige Kuppe überragt den Ort unübersehbar: der Brennkopf. Mit nur knapp 700 Aufstiegshöhenmetern passt er ideal in die Kategorie »Familienunternehmung«. Im Abstieg passiert man das ausgedehnte Moorgebiet der »Schwemm«. Leider baute man an dessen Nordwestrand einen Golfplatz. Er ist, und da gibt es nichts wegzudiskutieren, ein Störfaktor. »Normale« Natur scheint vielen nicht mehr zu genügen. Nach der Maxime »Salamitaktik« werden mehr und mehr Stückchen Boden »Kulturlandschaft«.

Anfahrt: siehe Tour 1; Parkplatz im Ort nahe Kirche; Bahn/ Bus: ab Bahnhof Kufstein Busverbindung

Wegverlauf: von Walchsee-Zentrum auf der Hausbergstraße in Nordrichtung nach Winkel, über die Brücke und links (westl.) an Häusern vorbei zu einem Gatter. Unmittelbar dahinter rechts abbiegen und durch Waldstücke und über Wiesen zu einer Forststraße. Man folgt ihr ein Stück nach links, um bei einer Hütte wieder rechts weiterzugehen. Im freien Gelände und durch Wald zur Brennalm. Nun auf einer Almstraße nach rechts in einen Sattel und über einen Grasrücken zum Brennkopf (2 ¼ Std.). Westlich über einen Grashang (Rücken) zur Knollalm und weiter abwärts zur Hitscheralm. Ein Almsträßchen leitet südwärts in Schleifen hinunter nach Kitzbichl. Dort rechts (westlich) abbiegen und hinab nach Stauding. Wegen des Golfplatzes schöner an der Südseite des geschützten Moors der »Schwemm« über Ankerwald zurück nach Walchsee.

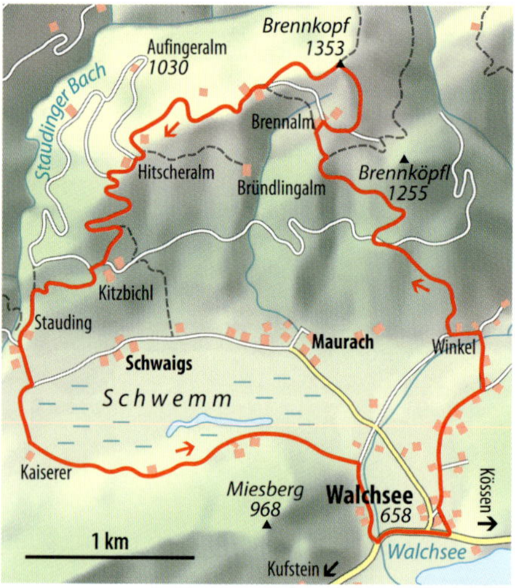

Gedenkstein am Rand von Walchsee, dem Ausgangsort für den Brennkopf

Orapro nobis.
A PESTE FAME ET BELLO
Libera nos Domine

3

Auf das Große Hinterhorn

Zweithöchster Gipfel der Loferer Steinberge

Die Wallfahrtskirche Maria Kirchenthal am Fuß der Loferer Steinberge

Die Wanderung im Überblick: Loferer Hochtal – Große Wehrgrube – Schmidt-Zabierow-Hütte – Waidringer Nieder – Großes Hinterhorn – Loferer Hochtal

Talort: Lofer

Ausgangs-/Endpunkt: Loferer Hochtal (775 m)

Höhenunterschied: über 1700 m

Höchster Punkt: 2506 m

Gehzeit: 9 Std.

- mittel
- 12 km
- 9 Std.
- 1700 Hm
- 1700 Hm
- ab 16

Tourencharakter: Trittsicherheit, erstklassige Kondition und schneefreie Verhältnisse erforderlich

Einkehrmöglichkeit: Schmidt-Zabierow-Hütte (1963 m), DAV-Sektion Passau, bew. Anf. Juli bis Ende Sept., 64 Schlafplätze, Tel. +43 6588 7284

Karte 1:25.000: AV-Karte Blatt 9

Auskunft: Tourismusverband Salzburger Saalachtal, Tel. +43 6588 83 21 0

■ Die Loferer Steinberge, diese herbschöne, vielfach waagrecht gebänderte Gebirgsgruppe zwischen Berchtesgadener Alpen und Kaisergebirge, stehen zugleich etwas im Schatten jener beiden Berühmtheiten. Vielleicht liegt es daran, dass reine Bergwandermöglichkeiten – ebenso wie in den Leoganger Steinbergen – etwas rar sind. Dennoch ist der Zweithöchste der Loferer, das Große Hinterhorn, bei guten, trockenen Verhältnissen technisch problemlos. Ein stolzes Gipfelziel, das einiges an Ausdauer abverlangt.

Anfahrt: mit dem Auto von St. Johann/T. auf halber Strecke zwischen Pass Strub und Lofer südlich an den Militäranlagen vorbei zum Parkplatz. Oder über Schneizlreuth (hierher von Inzell, Bad Reichenhall oder Berchtesgaden), den Steinpass und Unken Richtung Lofer. Vor dem Ort nicht die Umgehungsstraße nach Waidring/St. Johann durch den Tunnel wählen, sondern erst der Beschilderung »Saalfelden/Zell am See« und dann der nach Waidring folgen.

Wegverlauf: vom Parkplatz im Loferer Hochtal dem AV-Weg Nr. 601 in Südrichtung folgen. Aus dem Talschluss (vorher Wegabzweigung zur Anderlalm) sofort ziemlich steil in Kehren durch Laubwald links aufwärts und unterhalb der Schwarzwand entlang aufsteigend ins freie Gelände. Der Weg führt eine Weile fast eben nach rechts und

Maria Kirchenthal

Nach der Tour kann man von St. Martin bei Lofer (liegt an der Strecke Lofer – Saalfelden/Zell am See) auf der Mautstraße westlich hinauffahren nach Maria Kirchenthal; der »Dom des Pinzgaus« ist eine berühmte, von Johann Bernhard Fischer von Erlach 1697 vollendete Barockkirche. Sie birgt die bedeutendste Votivbildersammlung Österreichs und gehört somit zu den beliebtesten Wallfahrtskirchen des Landes.

steigt dann in Kehren zum Unteren Trett an. In Südwestrichtung weiter in Kehren aufwärts und über Mittleres und Oberes Trett zum Rand der Großen Wehrgrube, wo links oben die Schmidt-Zabierow-Hütte steht (3 ¼ Std.). – Von der Hütte kurz auf dem Zustiegsweg abwärts und drunten im Gerölltälchen scharf nach links (Bez. »Waidringer Nieder«; Sättel werden in den Steinbergen als »Nieder« bezeichnet). Es geht, den Markierungen folgend, auf einem Band nach Westen, dann mit Kehren nördlich über die gestufte, geröllbedeckte Flanke und rechts bis unter die Wände des Breithorns empor. Von dort führt der Steig auf dem untersten der markanten Breithorn-Südwandbänder nach links (westlich) hinüber in die Waidringer Nieder (2302 m, + 1 ¼ Std.). Nun in Westrichtung – immer den Markierungen folgend – erst links, dann rechts der Grathöhe aufwärts. Der Gipfelaufbau des schwer zugänglichen Kleinen Hinterhorns (2369 m) wird nordseitig auf einem Band umgangen. Aus der darauffolgenden Scharte führt der Steig an die Südseite. Zuletzt erreicht man über gut gangbare Felsklippen das Gipfelkreuz des Großen Hinterhorns (+ 1 Std.). Abstieg nur auf der Anstiegsroute.

Blick von oberhalb der Waidringer Nieder auf Rothörner und Rothörndl, Gipfel am Nuaracher Höhenweg

4

Über den Scheibenkogel

Geheimtipp im Kaisergebirge

Blick aus der Mühlau auf Maukspitze, Gamsfluchten und Lärcheck (Wilder Kaiser)

Die Wanderung im Überblick: Schwendt – Mühlau – Unterbichlalm – Boariedalm – Kogelalm – Scheibenkogel – Kohlalm – Boariedalm und zurück

Talort: Schwendt

Ausgangs-/Endpunkt: Schwendt, Infotafel beim Mairwirt (702 m)

Höhenunterschied: 1100 m

Höchster Punkt: 1615 m

Gehzeit: 6 ½ Std.; über Kohllahnersattel 7 Std.

Tourencharakter: im Gipfelbereich (bis dorthin leicht) ziemlich schroffe Wege, die stellenweise Trittsicherheit verlangen

Einkehrmöglichkeit: Kohlalm (1280 m), privat, Tel. +43 676 9373955

Karte 1:50.000: Kompass Blatt 9, Kaisergebirge

Auskunft: Tourismusverband Kaiserwinkl, Tel. +43 501 100

- mittel
- 12 km
- 6 ½ Std.
- 1100 Hm (Aufstieg)
- 1100 Hm (Abstieg)
- ab 12

■ Der Scheibenkogel, zum Zahmen Kaiser zählend, ist ein östlicher Randgipfel des Kaisergebirges, der mit einer überraschend schönen Aussicht aufwartet und dessen Route über den Kohllahnersattel bislang noch in keinem Auswahlführer beschrieben worden ist. Er gilt als der Hausberg des Dorfes Schwendt, zwischen Kössen und Griesenau gelegen, und wer dort Bergurlaub macht, trifft automatisch auf die Wegweiser zum Scheibenkogel, dem etwas über 1600 m hohen Wald- und Wiesengipfel. Die benachbarten Stripsenkopf und Feldberg sind aufgrund ihrer Nähe zum Wilden Kaiser bekannter. Doch eröffnet auch der Scheibenkogel ungewöhnliche Ausblicke und es lohnt sich wirklich, dass man sich dort hinaufbemüht – egal auf welcher der beiden Routen. Wobei diejenige über den Kohllahnersattel die insgesamt anspruchsvollere und nur bei trockenem Boden empfehlenswerte ist.

➡ **Anfahrt:** mit dem Auto aus dem westlichen Kreisel in Kössen (siehe Tour 1) Richtung St. Johann/T. zum Dorf Schwendt (von St. Johann über Griesenau hierher); Bahn/Bus: ab dem Bahnhof Kufstein oder St. Johann/T. Busverbindungen.

➡ **Wegverlauf:** ab Infotafel beim Mairwirt dem Wegweiser »Scheibenkogel« abwärts folgend (Weg Nr. 61) in die Mühlau. Auf Teersträßchen aufwärts nach Aufschnait. In der Folge auf Weg Nr. 68 (eindeutige Beschilderung) südsüdwestlich und bald in bequemen Fahrwegschleifen zur Unterbichlalm. Weiter in gleicher Richtung zur Boariedalm (1½ Std.) und noch ein kleines Stück Richtung Jodler- und Kohlalm, ehe der Wiesenweg zur Kogelalm und zum Scheibenkogel rechts abzweigt. Er führt über den Grashang in den Laubwald und darin erst flach, dann zunehmend steiler empor. Nach Querung eines Forstweges weiter im Wald zu einer Flachzone, in der man parallel zum Forstweg geht. Dann über eine kurze Strecke auf ihm nach rechts und bald den Markierungen links folgen, um jetzt im Nadelwald aufzusteigen. Man gelangt zu einer verfallenen Almhütte, darauf zur (aufgelassenen) Kogelalm. Nun zunehmend steil in kleinen Kehren aufwärts. Eine ehemals rutschige, felsige Passage ist durch eine Holzleiter entschärft. Etwas flacher auf die Gipfelwiese und hinauf zum Kreuz mit Ruhebank und Tischchen (+2 Std.).

Südwestlich unterhalb des Kammes nahezu waagrecht weiter, dann steil abwärts in eine Senke. Dort zweigt der Abstiegsweg Richtung Kohlalm scharf links ab. Es geht in Kehren auf schmalem Steig im Mischwald abwärts bis ins Wiesengelände. Ab hier gut auf die auf Steinen und Pflöcken aufgebrachten Farbmarkierungen achten. Man erreicht den Verbindungsweg Boariedalm – Kohlalm (Koglweg, Nr. 74) und folgt ihm nach links abwärts in den Mischwald. Nahezu waagrecht zu einer steinschlaggefährdeten Hangrutschzone, bei der man gut daran tut, sie rasch zu queren (kurz danach Ruhebank). Weiter mal auf breitem, mal auf schmälerem Weg im leichten Auf und Ab die Hänge des Scheibenkogels queren, bis der Steig auf einen Forstweg trifft (Abzweigung »Hohenkendl«). Geradeaus weiter Richtung Schwendt. Auf Waldweg fallend zu Forstweg mit Wegweiser »Boaralm«. Diesem folgend zur Boariedalm und ins Tal.

➡ **Über den Kohllahnersattel:** Aus dem Kohlental nach etwa 1 Kilometer südwestlich auf Almstraße (dazwischen offizielle »Abkürzer«) aufwärts zur Kohlalm (1½ Std.). Westlich weiter erst noch auf breitem Weg, bald auf schmalem Pfad durch Blockwerk und zuletzt ziemlich steil in den Kohllahnersattel (1513 m, +1 Std.). Nicht über ihn hinweg, sondern rechts unterhalb des Kamms bald ein gutes Stück absteigend, dann wieder direkt am Kamm mit Gegenanstieg auf eine Graterhebung. Abstieg teils steil an der Nordseite. Der folgende Gratkopf wird teils direkt auf dem mitunter recht schmalen Kamm erstiegen.

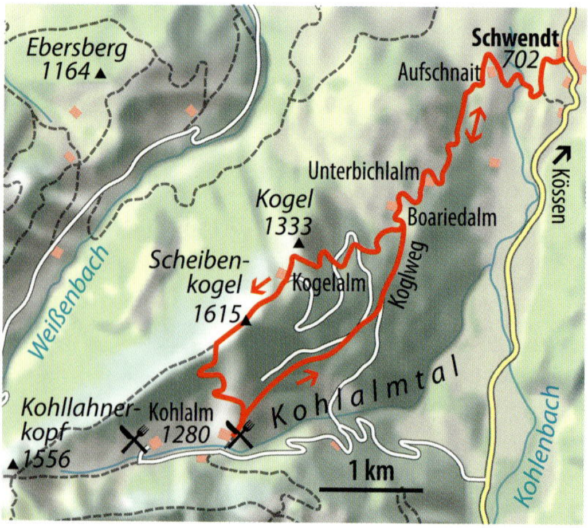

Die Boariedalm (Boaralm) am Weg zum Scheibenkogel

Steiler Abstieg unmittelbar nach Norden und zur oben beschriebenen Wegverzweigung (Wegweiser »Scheibenkogel ¼ Std.«). Nach Ersteigung des Gipfels (+2½ Std. ab Kohllahnersattel) wie oben hinunter Richtung Kohlalm und zum Anstiegsweg.

Zur Pyramidenspitze

Paradeberg des Zahmen Kaisers

Blick von der Pyramidenspitze zum Walchsee

Die Wanderung im Überblick: Kufstein-Sparchen – Vorderkaiserfeldenhütte – Pyramidenspitze – Sonnkaiser-Höhenweg – Vorderkaiserfeldenhütte – Kufstein

- leicht
- 14 km
- 8 ½ Std.
- 1600 Hm (Aufstieg)
- 1600 Hm (Abstieg)
- ab 14

Talort: Kufstein

Ausgangs-/Endpunkt: Kufstein-Sparchen (496 m)

Höhenunterschied: 1600 m

Höchster Punkt: 1997 m

Gehzeit: 8 ½ Std.

Tourencharakter: lange Bergwanderroute, die man am besten als Eineinhalbtagestour unternimmt; Trittsicherheit erforderlich

Einkehrmöglichkeiten: Ritzaualm (1161 m); Vorderkaiserfeldenhütte (1388 m), DAV-Sektion Oberland, Tel. +43 5372 634 82

Karte 1 : 25.000: AV-Karte Blatt 8, Kaisergebirge

Auskunft: Tourismusverband Ferienland Kufstein, Tel. +43 5372 62 20 7

■ Der Zahme Kaiser ist ein Plateaugebirge, dessen bekanntester (nicht höchster!) Gipfel, die Pyramidenspitze, zurecht als grandioser Aussichtsberg gepriesen wird. Als anspruchsvollerer Anstieg gilt der gesicherte Steig aus dem Winkelkar, also von der Ostseite her. Daneben gibt es noch zwei Pfade an der Südseite, ausgehend vom »Sonnkaiser-Höhenweg«, dessen westlicheren wir hier als Abstiegsroute und somit als schöne Rundtour empfehlen können.

Anfahrt: mit dem Auto auf der Inntalautobahn (A 93) bis Anschlussstelle Kufstein-Nord und in Richtung Ebbs fahren, bis ein Hinweisschild »Kaisertal« scharf nach rechts weist. Am Kaisertalparkplatz parken. Bahn/Bus: ab Bahnhof Kufstein mit dem Bus zum Kaisertaleingang

Wegverlauf: vom Parkplatz über die Straße und über die »Sparchenstiege« ins Kaisertal, in dem mal flach, mal steil, mal weniger steil angestiegen wird. Vorbei am Zotten- (rechts unterhalb des Weges) und am Veitenhof (Gasthaus) und noch vor dem Pfandlhof (Gasthaus) bei Wegabzweig links hinauf. Längere Zeit recht steil durch Mischwald aufwärts. Erst unterhalb der Ritzaualm wird der Weg gemütlicher. Zuletzt in weiten Kehren zur Vorderkaiserfeldenhütte (2 ½ Std.).

Ab Hütte auf nicht zu verfehlendem Weg nordostwärts bis unter die Naunspitze (1633 m; liegt praktisch am Weg) und auf gutem Serpentinensteig bis unter das Petersköpfl (1745 m). Nun befindet

Ausblick von der am Weg zur Pyramidenspitze gelegenen Naunspitze innaufwärts gegen den Brandenberger Kamm

man sich bereits auf dem Plateau des Zahmen Kaisers, das man in Ostrichtung begeht. Man wandert im Latschengelände durch Mulden und über Buckel, quert südseitig unterhalb des Einserkogels und geht im Bereich des Zwölferkogels teilweise am Rand der Egersgrinn-Steilabstürze entlang. Dann durch eine Felsrinne hinab zum »Vogelbad«. Von dort hinauf zum Elferkogel (1916 m) und dem grasigen Kamm folgend zur Pyramidenspitze (+ 2 ½ Std.).

Für den Abstieg geht man genau in Südrichtung zu einem Sattel hinab. Nun leicht rechtshaltend abwärts in die Mulde (Öchselweid) zwischen Vorderer Kessel- und Öchselweidschneid. Über Gras und durch Latschen (markiert), zuletzt steil in kleinen Kehren hinunter zum »Sonnkaiser-Höhenweg«. Auf ihm zurück zur Vorderkaiserfeldenhütte (+ 2 Std.) und zurück ins Tal.

➡ **Über das Winkelkar:** Auch ein leichter Klettersteig leitet auf die Pyramidenspitze, und zwar von Osten her aus dem Winkelkar. Ausgangsort ist Durchholzen, das zur Gemeinde Walchsee gehört und von Niederndorf auf der Strecke nach Kössen (siehe Seite 13) erreicht wird. Bei der markanten Linkskurve in Durchholzen geradeaus weiterfahren zum Wandererparkplatz südöstlich des Orts (»Am Brand«, AV-Karte). In Südrichtung auf dem erst noch asphaltierten Sträßchen, später auf unbefestigtem Fahrweg bis zur Großpoiteralm (928 m) gehen. Über einen Wiesensteig zu einem Waldstück, darin steil aufwärts und danach im freien Gelände bis zu einer Bank auf einer Grasterrasse kurz unterhalb der Winkelalm (1193 m, 1½ Std.). Zu dieser und südwestlich dem Steig folgend ins Winkelkar. Aus dem Karboden in Westrichtung über einen Rücken hinauf und mit Kehren steil in die nordwestliche Karecke. Von dort auf dem teilweise gesicherten Steig über Felsen, später über Grashänge »Gamsänger«) zu einer Rinne. In ihr empor, danach auf deutlichem Steig nach links hinüber zur Grathöhe zwischen Jovenspitze und Pyramidenspitze. Man folgt ihr, weicht kurz vor dem Gipfel in die Nordwestflanke aus (interessanter Einblick ins Scheiblingsteinkar) und erreicht zuletzt über Eisenklammern den höchsten Punkt der Pyramidenspitze (+ 2½ Std., Trittsicherheit und Schwindelfreiheit erforderlich, evtl. Klettersteigset).

6

Der Sonnkaiser-Höhenweg

Von Vorderkaiserfelden zum Stripsenjoch

Der prächtige Hinterkaiserhof, das älteste Anwesen im Kaisertal

Die Wanderung im Überblick: Kufstein-Sparchen – Vorderkaiserfeldenhütte – Feldalmsattel – Anton-Karg-Haus – Kufstein-Sparchen

Talort: Kufstein

- leicht
- 20 km
- 11½ Std.
- 1500 Hm (Aufstieg)
- 1500 Hm (Abstieg)
- ab 14

Ausgangs-/Endpunkt: Kufstein-Sparchen (496 m)

Höhenunterschied: über 1500 m

Höchster Punkt: ca. 1580 m

Gehzeit: 10½ bzw. 11½ Std.

Tourencharakter: problemlose 2-Tage-Tour

Einkehrmöglichkeit: Vorderkaiserfeldenhütte (siehe Tour 5); Stripsenjochhaus (1577 m), OeAV-Sektion Kufstein, Tel. +43 5372 62579; Hans-Berger-Haus (936 m), Touristenverein »Die Naturfreunde«, Tel. +43 5372 62575; Anton-Karg-Haus (829 m), OeAV-Sektion Kufstein, Tel. +43 5372 62578

Karte 1 : 25.000: AV-Karte Blatt 8, Kaisergebirge

Auskunft: Tourismusverband Ferienland Kufstein, Tel. +43 5372 62 207

■ Der »Sonnkaiser-Höhenweg« (weil er an der Sonnenseite des Zahmen Kaisers verläuft) gehört zu den schönsten Höhenwegrouten in den Nördlichen Kalkalpen. Man kommt auf ihm den berühmten Klettergipfeln des Wilden Kaisers nach und nach näher, bis sie schließlich in kalkheller Strenge unmittelbar vor einem stehen. Den Schlusspunkt setzt das liebliche Kaisertal mit seinen gastlichen Höfen und der berühmten Antoniuskapelle. Und wer einen kleinen Umweg nicht scheut, kann zum Abschluss noch die Tischoferhöhle besuchen, in der zuerst Bären, später Menschen (z. B. hatte ein Bronzegießer in ihr seine Werkstatt) Unterschlupf fanden.

➡ **Anfahrt:** mit dem Auto auf der Inntalautobahn (A 93) bis Anschlussstelle Kufstein-Nord und in Richtung Ebbs fahren, bis ein Hinweisschild »Kaisertal« scharf nach rechts leitet. Am Kaisertalparkplatz parken. Bus/Bahn: ab Bahnhof Kufstein mit dem Bus zum Kaisertaleingang

➡ **Wegverlauf:** Von Vorderkaiserfelden (dorthin siehe Seite 27) in Südostrichtung ein Stück abwärts und dem AV-Weg Nr. 811 in den Wald hinein folgen. Der Wegweiser zur Pyramidenspitze bleibt unbeachtet. Unser Pfad führt zunächst leicht abwärts, oftmals auch eben dahin und leitet auf die freie Fläche der längst verfallenen Edelfeldenalm. Auf dem an manchen Stellen mit Felsen durchsetzten Steig in Ostrichtung weiter und durch Bergwald ein Stück aufwärts. Bald südlich steil hinunter und auf Geröllsteig um den felsigen Ausläufer der Hinteren Kesselschneid herum. Durch Latschen noch ein Stück empor, bis der Pfad wieder waagrecht verläuft und sich dann allmählich zur Hochalm (1402 m) hinabzieht. Von dort in Südrichtung wenig steil hinauf zum Kamm des Ropanzens. (Dessen Gipfel, 1572 m, erreicht man rechts ansteigend in 10 Min.; einer der großartigsten Aussichtspunkte im Kaiser!) Drüben steil auf stellenweise schlechtem Pfad zum Feldalmsattel (1433 m) hinunter. Jetzt in Südrichtung, dann links am Hang aufwärts ins Stripsenjoch zwischen Oberem Häusl- und Stripsenkopf. Von dort links waagrecht am Hang entlang, kurz auf felsigem Steig abwärts und hinüber zum Stripsenjochhaus (4 ½ – 5 Std.).

Der Abstieg erfolgt auf dem nicht zu verfehlenden Weg Nr. 801 hinunter in den Kaisertalschluss (Hinterbärenbad, + 1 ½ Std.), danach talauswärts am Karg-Gartl und an der Triftklause vorbei. Vor dem

Karg-Gartl

Dieses kleine, am Kaisertalweg zwischen Hinterbärenbad und Triftklause liegende Gartl wurde nach Anton Karg benannt. Karg war von Beruf Fotograf und wir verdanken ihm großartige Schwarzweißbilder aus dem Kaisergebirge, aber auch so alpinhistorisch wertvolle Aufnahmen wie die der vier Erstdurchsteiger der Totenkirchl-Westwand Piaz, Schoffenegger, Schietzold und Klammer. Anton Karg gilt als »Bergsteigervater Kufsteins«. Sein größtes Verdienst ist das Sammeln der Kaisersagen, die er 1903 als Büchlein herausgab. Eine Rarität innerhalb der Alpinliteratur.

Tunnel zweigt der über Hinterkaiserhof und Antoniuskapelle zum Pfandlhof (+1½ Std.) führende Weg nach rechts hinauf ab (eindeutige Beschilderung). Vom Pfandlhof aus erreicht man bald die Einmündung des von Vorderkaiserfelden einmündenden Weges. Zuletzt gibt es zwei Möglichkeiten: Entweder man geht über die »Sparchenstiege «zum Kaisertalparkplatz (+40 Min.). Oder man achtet hinter dem Zottenhof – kurz vor der Neapelbank – auf den kleinen Holzwegweiser, der links abwärts zur Tischoferhöhle leitet. Ein kleiner Wiesenpfad führt hinunter Richtung Sparchenbach. Der Pfad zur Höhle leitet zuletzt – noch oberhalb des Baches – rechts (westl.) ab. Von der Höhle zurück zur Verzweigung und gänzlich hinab zum Bach, den man auf einem Betonsteg überquert. Drüben am Hang aufwärts (Blick zur Tischoferhöhle) und hinauf zur Naturrodelbahn. Weiter westwärts zur Theaterhütte und hinunter zum Kaisertal-Parkplatz (+1 Std.).

Weil wir ja gerade durchs Kaisertal hinausgewandert sind: Die scheinbar unendliche Geschichte der Anrainer-Zufahrt – das Tal war

Blick vom Ropanzen auf Predigtstuhl, Fleischbank und Totenkirchl (von links nach rechts)

vorher nur zu Fuß über die »Sparchenstiege« erreichbar – scheint ihr glückliches Ende gefunden zu haben. Seit Mai 2008 ist der Straßentunnel von Ebbs fertig, aber das Ganze wird äußerst restriktiv betrieben. Selbst die hüttenbesitzende DAV-Sektion Oberland (Vorderkaiserfelden) verfügt nur über einen Schlüssel. Es scheint also nicht wesentlich mehr Verkehr zu geben im Tal (denn gefahren wurde schon seit jeher; oberhalb der »Sparchenstiege« befand sich der Parkplatz der Talbewohner). Aber die Kaisertaler haben mehr Lebensqualität gewonnen – bei Erhaltung der Schönheit dieser einmaligen Talschaft.

Stripsenkopf und Feldberg

Einblicke ins Kaiserherz

Der berühmte Kopftörlgrat zur Ellmauer Halt vom Stripsenkopf aus gesehen

Die Wanderung im Überblick: Griesneralm – Stripsenjochhaus – Stripsenkopf – Feldberg – Vordere Ranggenalm – Hintere Ranggenalm – Griesneralm

mittel
8 ½ km
6 Std.
1150 Hm
1150 Hm
ab 14

Talort: Griesenau

Ausgangs-/Endpunkt: Griesneralm

Höhenunterschied: ca. 1150 m

Höchster Punkt: 1813 m

Gehzeit: gut 6 Std.

Tourencharakter: einige gesicherte Passagen und abschüssige Felsen; absolute Trittsicherheit ist notwendig

Einkehrmöglichkeiten: Griesneralm (988 m), privat, Tel. +43 5352 644 43; Stripsenjochhaus (siehe Tour 6); Fischbachalm

Karte 1 : 25.000: AV-Karte Blatt 8, Kaisergebirge

■ Der Stripsenkopf-/Feldbergkamm wird, wie der Scheibenkogel (Tour 4), zum Zahmen Kaiser gerechnet und erstreckt sich unmittelbar gegenüber des Wilden Kaisers »Herz«: der Steinernen Rinne. Für ambitionierte Bergwanderfreunde ist diese Kammtour ein Muss. Mit Abstieg vom Feldberg über die beiden Ranggenalmen ergibt sich eine Rundtour, die wieder zum Ausgangspunkt Griesneralm zurückleitet. Unterschätzen sollte man die Unternehmung nicht, es sind über 1100 Höhenmeter zu bewältigen und die südseitigen Felsen zwischen Stripsenkopf und Feldberg sollten schneefrei und möglichst trocken sein.

Die auf unserer Tour erlebbaren Landschaftsbilder gehören zu den stärksten in den Nordalpen. Erst ist es der massige Turm des Predigtstuhl-Nordgipfels, der beeindruckt. Die darauffolgende Aussicht vom Stripsenjoch ist weltberühmt und das Motiv »Tavonarokreuz gegen Fleischbank und Predigtstuhl« gehört zu den meistfotografierten Aussichten alpenweit. Das Totenkirchl hingegen protzt mit seiner ungeheuren Masse Fels! Vom Stripsenkopf fasziniert der mit sechs Türmen aufstrebende Kopftörlgrat, danach, am Weiterweg, fesselt die Felsenschlucht der Steinernen Rinne und zuletzt die etwas mildere Bergumrahmung des Griesnerkars. Und noch ein bemerkenswertes Motiv: die »Frankenländernadel« mit dem Lärcheck im Hintergrund. Stärkere Eindrücke kann man im Kaiser kaum erfahren, denn wir befinden uns vor den absoluten Glanzstücken. Und es ist ein Genuss ohne Reue, denn man erlebt ihn, ohne sich in unmittelbare Gefahr zu begeben, wie das bei einem Gang durch ebendiese Steinerne Rinne

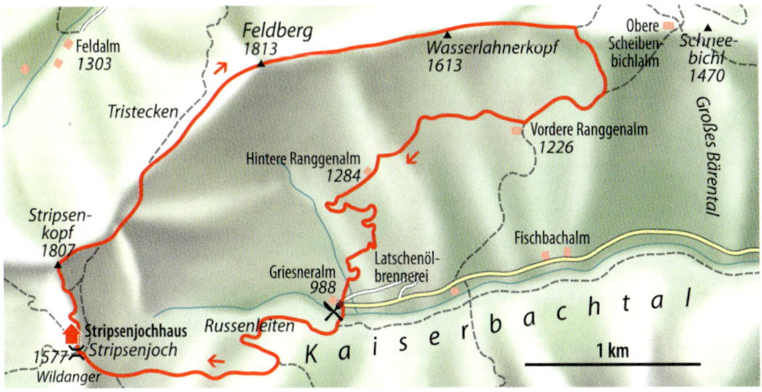

schon mal der Fall sein kann. Die Steinschläge von der Predigtstuhl-Nordkante herunter sind berüchtigt. Dieses Risiko geht man am Stripsenkopf-/Feldbergkamm nicht ein. Man könnte hier den ganzen Tag verschauen.

Anfahrt: mit dem Auto von Griesenau (727 m; hierher von St. Johann über Gasteig oder von Kössen über Schwendt, siehe Tour 4) westlich taleinwärts zur Mautstelle und auf guter Bergstraße vorbei an der Fischbachalm – links, jenseits des Baches Bergsteiger-Gedenkkapelle – zur Griesneralm

Wegverlauf: Ab Griesneralm auf nicht zu verfehlendem (teils Promenade)Weg über den Wildanger zum Stripsenjochhaus (1½ Std.). Nun nach Norden am Tavonarokreuz vorbei (dieses Kreuz mit dem Hintergrund der steil aufstrebenden Predigtstuhl-Nordkante ist das berühmteste Fotomotiv des Kaisergebirges) und in gleicher Richtung mit Kehren aufwärts. An soliden Drahtseilen über eine felsige Passage. Bei einer Wegverzweigung hält man sich links (nach rechts – ohne den Stripsenkopf zu betreten – geht's auf den Kamm zum Feldberg; zudem ist nahe diesem Stripsenkopf-Normalwegs ein Klettersteig mit sehr schwierigen Varianten eingerichtet worden; eine eher fragwürdige Installation, mit der man dem »mainstream« im touristischen Angebot folgen möchte). Danach steil und problemlos, zuletzt von Osten her zum Gipfel (1807 m) mit Pavillon (+ ¾ Std.).

Kurz auf dem Anstiegsweg zurück, dann am Kamm und in Ostrichtung südlich unterhalb desselben auf felsigem Pfad ein Stück abwärts, bis der Weg wieder die Kammhöhe erreicht. Auf ihr über Gras und durch Latschen, an einem kühnen Hauptdolomitgebilde mit Gipfelkreuz (»Frankenländernadel«) vorbei, und zuletzt rechts der Kammhöhe (Drahtseile) zum Tristecken (1710 m). Bald darauf der Wegabzweig zum Kohllahnersattel (siehe Tour 4). Weiter auf dem Kamm problemlos zum Feldberg (+1¼ Std.).

Dem Kamm gen Osten folgen, bald über eine felsige Passage (Drahtseil) abwärts und insgesamt gut 200 Höhenmeter hinab. Über den Scheibenbichlberg und weiter am bewaldeten Kamm zu einem Grassattel. Bald darauf rechts Abzweig zur Vorderen Ranggenalm/ Fischbachalm. Im Bergwald, später über die Almwiese abwärts zu Ersterer (1226 m). Jetzt höhenwegartig im Auf und Ab auf schma-

Blick auf das Stripsenjochhaus (Teleaufnahme) vom Anstieg zum Stripsenkopf

lem Pfad westwärts (überwiegend im freien Gelände) insgesamt etwas ansteigend zur Hinteren Ranggenalm (1284 m). Von ihr leitet ein teils steiles Almsträßchen in Serpentinen südwärts hinunter zur Griesneralm.

Gamskogel und Bettlersteig

Kleine Rundtour oder »Kniebeißer«

Blick vom Kaisertal auf Totenkirchl, Karlspitzen und Kleine Halt (von links nach rechts)

Die Wanderung im Überblick: Kufstein-Kaiserlift – Brentenjoch – Gamskogel – Kaindlhütte – Brentenjoch bzw. Gamskogel – Anton-Karg-Haus – Kufstein-Sparchen

Talort: Kufstein-Sparchen

Ausgangs-/Endpunkt: Talstation Kaiserlift (ca. 520 m)

Höhenunterschied: 300 m (nach Hinterbärenbad 1070 m Abstieg!)

Höchster Punkt: 1449 m

Gehzeit: 2 bzw. 5 ½ – 6 Std.

Tourencharakter: Trittsicherheit erforderlich

Einkehrmöglichkeiten: ggf. Kaindlhütte (1318 m), Tel. +49 173 195 89 10, privat; Anton-Karg-Haus (829 m), Tel. +43 5372 62578

Karte 1 : 25.000: AV-Karte Blatt 8

Auskunft: Tourismusverband Ferienland Kufstein, Tel. +43 5372 62 207

mittel
11 ½ km
6 Std.
300 Hm
1070 Hm
ab 14

■ Der Gamskogel (eigentlich müsste man sagen, der Westliche; es gibt nämlich noch einen im Ostkaiser, siehe Tour 10) gehört zum Wilden Kaiser und ist der höchste Punkt des Gamsbergs, der das vordere Kaisertal südseitig überragt. Als Vorposten von Zettenkaiser und Scheffauer bietet der Gamskogel interessante Ausblicke auf die Genannten, auf Haltstock, Totenkirchl und Karlspitzen sowie die Kaisertalhöfe. Ideal verlängern lässt sich unsere Tour mit dem anfangs etwas »kniebeißerischen« Abstieg über den Bettlersteig nach Hinterbärenbad und dem beschaulichen Auswärtswandern durchs Kaisertal mit seinen vielen landschaftlichen Glanzpunkten und Einkehrstationen.

➡ **Anfahrt:** mit dem Auto auf der A 93 (Inntalautobahn) bis Anschlussstelle Kufstein-Nord und in Richtung Ebbs fahren, bis ein Hinweisschild »Kaisertal« scharf nach rechts (Südwesten) weist. Vorbei am Kaisertalparkplatz den Hinweisen »Kaiserlift« zur Talstation folgen. Bahn/Bus: ab Bahnhof Kufstein mit dem Bus zum Kaisertal-

Die Tischoferhöhle verdient allemal einen Besuch.

eingang und aus der großen Straßenkurve rechterhand südwestlich (anfangs kurzer Aufstieg) in ¼ Std. zur Talstation

Wegverlauf: von der Kaiserlift-Bergstation am Brentenjoch (1273 m) kurz auf der Forststraße Richtung Kaindlhütte, dann dem Hinweis »Gamskogel« nordöstlich aufwärts auf schönem Pfad durch lichten Wald und über Wiesen folgen bis zum höchsten Punkt (¾ Std.). Süd- und südöstlich bald über Treppen abwärts in den Sattel (1356 m), von dem aus man südl. und westlich zur Kaindlhütte hinüberschlendern und von dort nord- und nordwestlich über das Steinberghaus zum Brentenjoch zurückkehren kann (2 Std.). Oder vom Sattel östlich über den Bettlersteig zunächst sehr steil (Drahtseile) abwärts in den Straßwalchgraben und mit leichtem Gegenanstieg zur Straßwalch-Jagdhütte. Weiter bequem durch Wald und über Lichtungen östlich weiter und abwärts, bis von rechts der Karl-Güttler-Steig (über ihn würde aufwärts gehend der Einstieg zum neuen »Kufsteiner Klettersteig« erreicht werden) einmündet. Jetzt wird der Abstieg wieder steiler und man gelangt zum Kalthausengraben, an dem entlang der schmale Pfad verläuft. Wieder folgen Serpentinen und erneut wird ein Graben gequert (Totengraben), ehe man bequem das Anton-Karg-Haus erreicht (2 Std. ab Gamskogel). Talauswärts wie bei Tour 6.

Über den Jubiläumssteig

Durchs Wilde Gschloss

Am Weg Baumgartenköpfl – Gaudeamushütte mit Blick zum Kopftörlgrat

Die Wanderung im Überblick: Wochenbrunneralm – Gruttenhütte – Kübelkar – Freiberghaus – Baumgartenköpfl – Gaudeamushütte – Wochenbrunneralm

Talort: Ellmau

Ausgangs-/Endpunkt: Wochenbrunneralm (1085 m)

Höhenunterschied: knapp 700 m

Höchster Punkt: 1620 m

Gehzeit: knapp 5 Std.

Tourencharakter: Trittsicherheit und Schwindelfreiheit notwendig

Einkehrmöglichkeiten: Gruttenhütte (1620 m), DAV-Sektion Turner-Alpenkränzchen München, Tel. +43 5358 2242; Gaudeamushütte (1263 m), DAV-Sektion Main-Spessart, Tel. +43 5358 2262

Karte 1 : 50.000: AV-Karte Blatt 8, Kaisergebirge

Auskunft: Tourismusverband Ellmau, Tel. +43 5358 2301

mittel
6 km
5 Std.
700 Hm
700 Hm
ab 14

■ Der Jubiläumssteig (zur Erinnerung an ein Vereins-Jubelfest der Alpenvereinssektion Turner Alpenkränzchen München) wurde und wird als Verbindungsweg vom und ins Kübelkar genutzt und ist damit Teil des Übergangs von der Gruttenhütte übers Ellmauer Tor und durch die Steinerne Rinne zum Stripsenjochhaus oder umgekehrt. Seit etlichen Jahren ist er aber auch das Herzstück des Wilden-Kaiser-Steigs entlang der gesamten Kaisersüdseite. Als solches möchten wir ihn hier vorstellen, eine überaus prächtige, feine, kleine Unternehmung, die besonders im Herbst mit kontrastreichen Farben aufwartet. Aus dem Kübelkar gehen wir nun wieder einmal nicht mit der Masse hinauf ins Ellmauer Tor, sondern hinüber in den Ostkaiser und zum Baumgartenköpfl mit dem Grab des Erschließers dieser Gegend, Much Wieser. Dieser Berg gilt zu Recht als herrlicher Aussichtspunkt, dem namhafte Kaiserkenner und -schreiber das Hohe Lied gesungen haben, allen voran Fritz Schmitt, der sein »Buch vom Wilden Kaiser« schrieb »wie einen Brief an eine sehr geliebte Frau«.

➡ **Anfahrt:** mit dem Auto Inntalautobahn (A 93) bis Anschlussstelle Kufstein-Süd und Richtung St. Johann/Felbertauern nach Ellmau. Der Beschilderung »Kaisergebirge/Wochenbrunn« folgen und

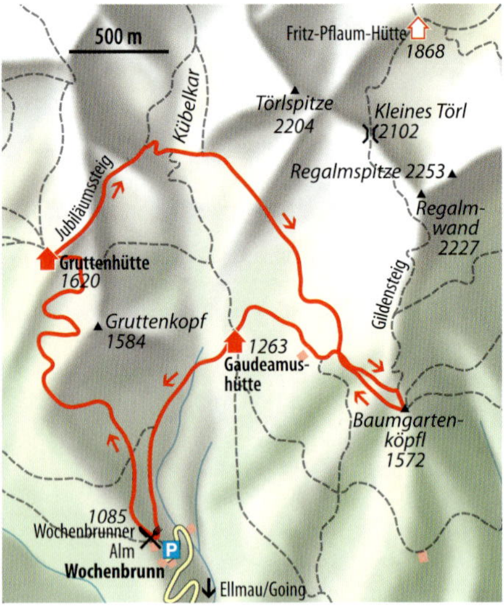

Fritz Schmitt über die Aussicht vom Baumgartenköpfl

»Eine unansehnliche Kuppe aus Stein und moorigem Erdreich mit zäh verkrallten Latschen, Preiselbeerstauden und Erika, zu der das Vieh der Regalm im Sommer herüberweidet. Das würde nichts bedeuten, wäre nicht der Kaiserblick und die Fernerschau. Ein grob gehauener Klotz, die Maukspitze, mit dem dunkel klaffenden Kamin und der glatten Westwand. Viel eigenwilliger emporgereckt, zerschlissen und zerklüftet ist die Ackerlspitze; die Hochgrubach hält einen blanken, gewölbten Schild gegen die Sonne, und die Törlspitzen drängen sich westlich der Scharte eng zusammen. Auch die Berge des Ellmauer Kaisers zeigen sich; in schönem Ebenmaß die Vordere Karlspitze, der sprunghaft launische Umriss des Kopftörlgrates, wie erzgegossen der Treffauer. Wer aber an einem herbstlich klaren Tag auf dem Baumgartenköpfl rastet, der wendet dem Kaiser den Rücken zu, so wie man sich etwa an eine besonnte Hauswand lehnt. Hier ist man daheim, nach Süden jedoch wird der Blick zu weiter Schau verlockt. Unten im ausgedehnten Tal, dessen abgeerntete Bauerngründe zwischen glanzlosem Grün vergilben, reihen sich die Dörfer an den weißen Faden der Straße. Dahinter steigen scheckigbunte Waldbuckel auf, wogen föhnblau schimmernd die bewachsenen Schieferkämme der Kitzbüheler Alpen, aus deren bescheidener Formenarmut keck der Große Rettenstein springt. Darüber geht feierlich und gemessen der Zug der Hohen Tauern. Die Gletscher leuchten in der sonnigen Luft; nie offenbaren sie sich so deutlich und klar wie in diesen späten Tagen, bevor die Herbstnebel schwelend aus den kahlen Tälern aufsteigen. Nie ist dieser Augenblick so schön wie jetzt. Alle Schranken der Ferne scheinen gefallen zu sein.«

auf guter Bergstraße (zuletzt Maut) zum Berggasthaus Wochenbrunneralm. Bahn/Bus: ab Bahnhof Kufstein Busverbindung; von Ellmau zur Wochenbrunneralm 1 Std. Gehzeit.

➡ **Wegverlauf:** Von der Wochenbrunneralm dem Wegweiser »Gruttenhütte« nördlich aufwärts folgen. Erst durch Mischwald, geht es danach ins freie Gelände. Weiter oben wird nach rechts ansteigend eine Geröllpassage gequert, ehe der gute Steig durch Latschen und über Wiesen zur Hütte mit ihren Nebenbauten (Schlafhäuser) leitet (1 ¾ Std.)

Nordostwärts in die Hauptdolomitformationen des »Wilden Gschloss«. Um einige Ecken herum absteigen (Drahtseile) in den Grund einer Schlucht und aus ihr, u.a. über eine kurze Leiter, auf Bänder, die sich durch abenteuerliche Felsgestalten winden (einmal durch einen Spalt). Bald läuft der Steig im Kübelkar aus. Darin etwas

Die Felsformationen am Jubiläumssteig sind teils abenteuerlich ausgebildet.

abwärts in einen Geröllboden und der schwarzgelben Markierung folgend das Kar queren. Ins Latschengelände und über einige felsige Stellen hinüber zum Freiberghaus (1506 m, privat). Südöstlich bald ein Stück aufwärts, bis man rechts etwas unterhalb das Baumgartenköpfl (1572 m) erblickt (Einmündung des »Gildensteigs«). Kurz abwärts zu seinem Fuß und wenige Meter ansteigend auf den Gipfel (knapp 2 Std.).

Zurück in die Senke und dem Wegweiser »Gaudeaumushütte« folgen. Nahe der Baumgartenalm vorbei und mit herrlichen Ausblicken zur Vorderen Karlspitze weiter. Im freien Gelände mit Serpentinen hinunter, durch ein Waldstück und abwärts ins begrünte Gelände oberhalb der Gaudeamushütte. Zur Wochenbrunneralm auf dem breiten Hütten-Versorgungsweg.

Der Wilde-Kaiser-Steig

Entlang der Kaiser-Südseite

Am Wilden-Kaiser-Steig im Bereich des Jubiläumssteigs (Wildes Gschloss)

Die Wanderung im Überblick: Kufstein-Mitterndorf – Walleralm – Westl. Kaiserhochalm – Gruttenhütte – Kübelkar – Östl. Hochgrubachkar – Östl. Kaiserhochalm – Kaiserniederalm – Einödalm – Gasteig

Talort, Ausgangs-/Endpunkt: Kufstein (499 m), Stadtteil Mitterndorf südl. der Festung; ab Bhf. ½ Std. (der Wilde-Kaiser-Steig bietet sich ideal mit öffentlichen Verkehrsmitteln an)

Höhenunterschied: 1500 m

Höchster Punkt: ca. 1650 m

Gehzeit: 15 Std.

Tourencharakter: 2-Tage-Tour, insgesamt Trittsicherheit, Schwindelfreiheit und gute Kondition nötig

Einkehrmöglichkeiten: Grutten-/Gaudeamushütte (siehe Tour 9), Walleralm

Karte 1:25.000: AV-Karte Blatt 8, Kaisergebirge

Auskunft: Tourismusverband Ellmau, Tel. +43 5358 2301

mittel
25 km
15 Std.
1500 Hm ↑
1300 Hm ↓
ab 14

■ Die einzelnen Weg-Teilstücke gab es ja von jeher, aber vor mehr als einem Jahrzehnt wurden sie schwarzgelb markiert, passagenweise verbessert (wo nötig auch mit Sicherungen versehen) und so der »Wilde-Kaiser-Steig« kreiert. Damit entstand ein Höhenweg der Superlative: einerseits entlang einer spektakulären Felsenlandschaft, andererseits mit freiem Blick über die Kitzbüheler Alpen hinweg bis zu den Hohen Tauern. Im letzten Teil folgt die hier beschriebene Route nicht mehr der originalen über den Niederkaiser, weil dieser Abschnitt für »normale« Bergwanderfreunde bei feuchtem/nassem Boden zu heikel werden könnte.

➡ **Wegverlauf:** vom Parkplatz an der Talstation des aufgelassenen alten »Kaiserlifts« südwestlich nahe dem Stadtbergfuß leicht links abzweigend, zur Lochererkapelle (590 m). Nun über Haberg hinab in den Gaislachgraben, hinauf zum Pestkreuz und auf Serpentinensteig zur Walleralm (1171 m, 4 Std.). Man hält sich auf der Fahrstraße nach Osten, bis sich diese bald nach einer Rechtskurve in einer Mulde verliert und in einen markierten Steig übergeht. Auf diesem (»Jägersteig«) zur Steinerhochalm (1257 m, +1½ Std.). Direkt unter der Alm vorbei und auf beschildertem Weg leicht empor zur (westlichen) Kaiserhochalm (+1 Std.). Richtung Osten am Abzweig zum Treffauer vorbei sowie im Bogen südlich zumeist im Wald und mit einigem Auf und Ab Tuxeck und Treffauer ausgehend (»Gruttenweg«). Hinaus ins freie Gelände, nordnordostseitig gegen den Kaiserkopf und zuletzt auf breiterem Weg zur Gruttenhütte (1620 m, +1¾ Std.).

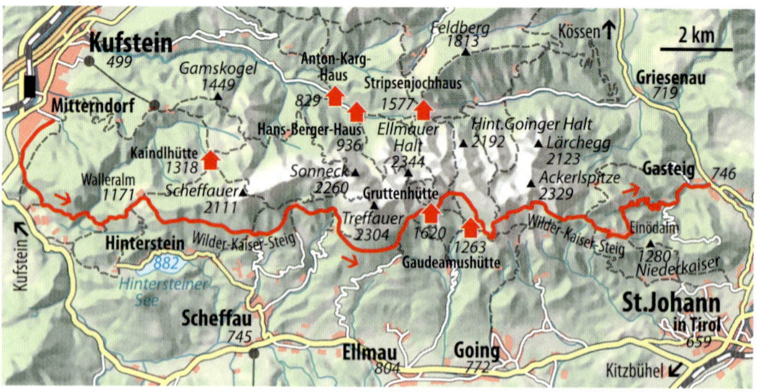

Wilder-Kaiser-Steig östlich des Kübelkars im Wegabschnitt Richtung Baumgartenköpfl/Wildererkanzel mit Blick auf Vordere Karlspitze

(Der – wenn notwendig – rasche Abstieg von hier zur Gaudeamushütte erfolgt durch das »Klamml«.)

Wie bei Tour 9 auf dem Jubiläumssteig ins Kübelkar und am Freiberghaus (+ 2 Std.) vorbei zur Einmündung des »Gildensteigs« oberhalb des Baumgartenköpfls. Auf ihm nördlich hinauf zur Wildererkanzel (Klettergarten). Bald danach wird der »Gildensteig« nach rechts verlassen und (kurzes Drahtseil) ins Westliche, dann hart am Felsfuß der Ackerlspitze ins Östliche Hochgrubachkar hinüber gequert. Am Ausläufer der Maukspitze vorbei und über den Gamskogel (1586 m) hinweg zur (östl.) Kaiserhochalm (1434 m, + 2½ Std.). Südöstlich hinunter zur Kaiserniederalm (1322 m), bei der eine Almstraße beginnt. Man folgt ihr östlich zur Einödalm (etwas links abseits) und geht weiter auf der Straße, den Altmosergraben querend, zur Hackeralm (1097 m). Über Kehren abwärts, bei Verzweigung links haltend und durch das Tälchen des Luigambachs hinunter nach Gasteig zur Bushaltestelle (+ 2 Std.).

Zum Hinteren Sonnwendjoch

Bayerischer Voralpengipfel auf Tiroler Boden

Der Burgsteingraben, durch den aufgestiegen wird; rechts der Burgstein

Die Wanderung im Überblick: Ackernalm – Wildenkaralm – Burgsteingraben – Hinteres Sonnwendjoch – Steinkaseralm – Ackernalm

- leicht
- 9 km
- 4 Std.
- 750 Hm (Aufstieg)
- 750 Hm (Abstieg)
- ab 10

Talort: Landl

Ausgangs-/Endpunkt: Ackernalm (1383 m)

Höhenunterschied: 750 m

Höchster Punkt: 1986 m

Gehzeit: 4 Std.

Tourencharakter: leichte Bergwandertour

Einkehrmöglichkeit: Ackernalm, bew. etwa Mitte Mai bis Ende Okt.

Karte 1 : 50.000: Kompass Blatt 8, Tegernsee – Schliersee

Auskunft: Tourist-Info Bayrischzell, Tel. +49 8023 648

■ Kurioserweise steht einer der höchsten Gipfel der Bayerischen Voralpen zur Gänze auf Tiroler Boden und ist nicht etwa »nur« ein Grenzgipfel wie die Halserspitze, der Schinder oder das Trainsjoch. Das Hintere Sonnwendjoch zeigt zwei Gesichter: gen Norden eine abweisende Felsmauer, nach Süden hingegen grüne Hänge. Deswegen ist es ein beliebter Gipfel für Wanderfreunde, die mit der hier vorgeschlagenen Route eine reizvolle Rundtour unternehmen können.

Anfahrt: entweder von Bayrischzell Richtung Kufstein oder von Kufstein über Landl; dort, wo die Ursprungtalstraße gegen Osten bzw. Norden abbiegt, beginnt die Ackernalm-Mautstraße

Wegverlauf: Vom Parkplatz bei der Ackernalm knapp 1,5 Kilometer auf der Mautstraße zurück, bis nach links (Norden) ein Sträßchen zur Wildenkaralm abzweigt, die in 1 Stunde erreicht wird. Nun in Südwestrichtung in den Burgsteingraben und durch dieses teils blockerfüllte Tälchen auf schönem Pfad (rechtsseitig die malerischen Burgsteinwände), zuletzt etwas steil, in den Sattel zwischen Burgstein und Hinterem Sonnwendjoch. Kurz westlich weiter, bis man auf den von der Steinkaseralm herauf führenden Weg trifft. Hinauf auf den Kamm und östlich zum Gipfelkreuz (+ 1¾ Std.).

Zurück zur Weggabelung. Dort dem rechts hinunter führenden Steig folgen und westlich zu einer Almhütte. Nun nicht in gleicher Richtung weiter zur Bärenbadalm, sondern scharf links ab und auf der Almstraße in Südostrichtung abwärts zur Steinkaseralm. Über die Teerstraße zur Ackernalm.

12

Hechtsee und Thierberg

Empor zur Thierbergkapelle

Hechtsee mit Kaisergebirge; rechts rechts Scheffauer und Hackenköpfe, in der Mitte Sonneck und Haltstock des Wilden Kaisers

leicht
6 ½ km
3 ½ Std.
250 Hm
250 Hm
ab 6

Die Wanderung im Überblick: Kiefersfelden-Hechtseeparkplatz – Hechtsee – Thierberg – Längssee – Hechtbachtal – Hechtsee – Kiefersfelden-Hechtseeparkplatz

Talort: Kiefersfelden (493 m)

Ausgangs-/Endpunkt: Wandererparkplatz (509 m) an der Thierseer Ache

Höhenunterschied: ca. 250 m

Höchster Punkt: 730 m

Gehzeit: 3 ½ Std.

Tourencharakter: keinerlei Schwierigkeiten

Einkehrmöglichkeit: Gasthaus am Ostufer des Hechtsees

Karte 1:50.000: Topogr. Karte, Mangfallgebirge (BLVA)

Auskunft: Kaiser-Reich Tourist Information, Tel. +49 8033 97 65 27

■ Nur ein ganz kleines Stückchen unserer Wanderung liegt nicht auf Tiroler Boden. Auf ihm bliebe, wer vom Nordrand Kufsteins mit dem Auto hinaufführe zum Hechtsee. Dadurch würde man aber einen reizvollen Teil unserer kleinen Rundtour auslassen. Diese eignet sich besonders gut für Frühling, Frühsommer und Herbst. Eine echte »Familiensause«, bei der es den Kindern kaum langweilig werden dürfte.

Anfahrt: mit dem Auto auf der Inntalautobahn (A 93) bis Kiefersfelden. Im Ort nach der Kirche dem Wegweiser »Breitenau« rechterhand folgen, etwa 500 m nach dem Ortsrand gelangt man zum Parkplatz; Bahn/Bus: Kiefersfelden ist Bahnstation

Wegverlauf: über die Ache und entlang eines kleinen Wasserfalls auf gutem Weg über Treppen sowie an einer mit Bäumen bestandenen Wand entlang zum Hechtsee (544 m). Er hat hier seinen Abfluss. Nun dem Spazierweg am westlichen und südlichen Ufer folgen und noch vor der Gaststätte rechts (Wegweiser) Richtung Thierberg. Durch Wald in bequemen Kehren aufwärts, bald südwestlich ab und weiter im Wald, dann hinaus auf freie Wiesen. Zuletzt geht es auf kleinem, etwas steilem Serpentinensteig zur Einsiedelei Thierberg (730 m) mit der am Fels »klebenden« Thierbergkapelle.

Entlang der Kreuzwegstationen abwärts und rechts auf einem Wiesenpfad zu einer Privatstraße. Auf ihr nach wenigen Minuten zur Straße Kufstein – Bayrischzell. Nach etwa 200 m in westlicher Richtung zweigt rechterhand die Forststraße zum Längsee ab. Dann bisweilen am kleinen Wasserlauf entlang durch das Hechtbachtal abwärts wieder zum

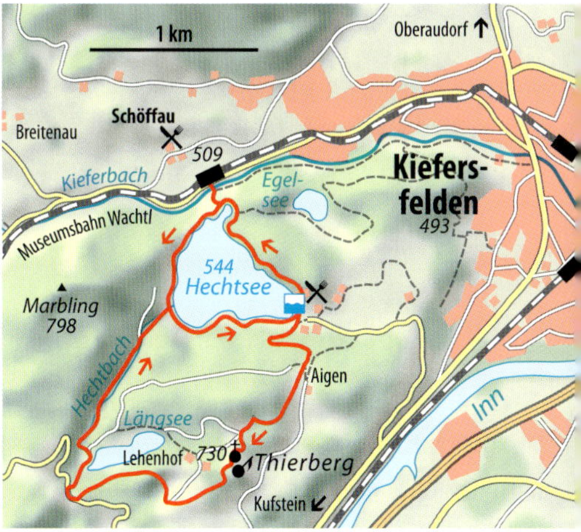

Hechtsee, den man zum guten Schluss – eventuell mit Einkehr – gänzlich umrunden kann.

Zusatzschmankerl Kieferer Kapellenwanderung: Sie führt zwar über bayerischen Boden, doch was soll's – eine benachbarte, ungemein lohnende Runde. Am äußersten Südwestrand Kiefersfeldens, noch vor der neugotischen König-Otto-Kapelle, Parkmöglichkeiten auf einem ausreichend breiten Seitenstreifen rechts der Staatsstraße 2089 Richtung Kufstein (Bahn: der Bahnhof liegt relativ nah nordöstlich der Kapelle). Ab Kapelle dem in spitzem Winkel nordnordöstlich von der Staatsstraße abzweigenden Sträßchen (Ottostraße) folgen. Dieses wird zur Dorfstraße, der man – an der Kirche vorüber – bis zur Sebastianskapelle nachgeht. Ganz kurz auf die Staatsstraße und links in den Eglseeweg einbiegen. Ihm folgt man am Kieferbach entlang bis zu den letzten Häusern. Nun immer in Westrichtung dem schattigen Waldweg folgen bis zur Brücke beim Hechtsee-Parkplatz. Über die Brücke, die Gleise des ehem. »Wachtl-Express« (Haltestelle »Hechtsee«) und die Straße und dann dem Wegweiser »Kurzenhöfe« nach. Über die Wiese und rasch hinauf zu den Höfen (Gasthaus, 1½ Std.). Von dort westlich etwas steigend nach Windhag mit seiner hochinteressanten Rotunde. Bald hinaus zum in die Breitenau leitenden Sträßchen, diesem aber links(!) abwärts folgen zur Straße Kiefersfelden – Wachtl und auf ihr südwestlich rasch zur Abzweigung Gießenbachklamm. Dem Bach entlang, bis es über Treppen steil hinauf und hinein in die Klamm mit ihren interessanten Felsbildungen geht. Man folgt dem gut ausgebauten Klammsteig bis zu seinem Ende (Wehr), geht erneut über den Bach und hinauf zur Schopperalm (bewirtschaftet, + 1½ Std.). Weiter nordwestlich empor zum Gießenbachtal-Sträßchen. Auf ihm rechts(!) ab und rasch zum Schild »Gießenbachtal«, von wo aus nördlich ein Waldweg Richtung Karrerhof leitet. An ihm vorbei zum Sträßchen Baumgarten – Mühlau (der logische Routenverlauf dem Hang entlang kann wegen einer Bullenweide nicht genommen werden), an einem Parkplatz mit Orientierungstafel und am Café Dörfl vorüber in die Mühlau. Links ab zum Brünnsteinhaus-Parkplatz und dem Wegweiser nach teils recht steil bis Rechenau (+ 1½ Std.). Dort nördlich hinüber (herrlicher Blick auf das Kaisergebirge) und kurz abwärts nach Wildgrub. Ebenso kurz auf dem Sträßchen zurück und dem Wegweiser »Mühlau/Hocheck« links hinunter folgen. An kleinem Bachlauf entlang und hinaus zum

Sträßchen, das in die Mühlau führt. Noch ehe es beginnt, in Kurven hinunterzuleiten, zweigt von ihm linkerhand ein derzeit anfangs sehr schlechter Waldweg ab, der zum Wallerhof (Gasthaus) führt. Weiter auf Pfad am Hang entlang (Wegweiser »Hocheck«) nach Ramsau (+ 1¼ Std.) und südl. dem Sträßchen wieder zurück nach Mühlau folgen. Erneut beim Dörfl vorbei und bald darauf zur Abzweigung nach links (östlich) Richtung Nußlberg. Auf teils steilem, oben felsigen Weg hinauf zur Kapelle (882 m, + 1¼ Std.) mit der ehem. Einsiedelei. Östlich und südlich auf dem Kreuzweg hinab zu Verzweigung: Geradeaus (westlich) ginge es hinunter zum Baumgarten. Wir folgen dem anderen Weg und gelangen östlich, zuletzt südlich abwärts zum Schwaighof. Jetzt dem Sträßchen ein Stück in Ostrichtung (links) folgen, bei der ersten Möglichkeit rechts, dann gleich wieder links abbiegen nach Laiming. Südlich und hinaus zur Hauptstraße. Durch Kiefersfelden bis zur Sebastianskapelle. Auf schon bekanntem Weg zurück, dann aber rechts in den Mesnerweg abzweigen. Er führt zur Bergfriedhofskirche zu Hl. Kreuz mit ihrem wunderbar auf Terrassen angelegten Gottesacker. Von ihm aus schöner Blick zu Kirche(n) und Zahmem Kaiser – ein Wahrzeichen Kiefersfeldens. Südwestl. hinunter und auf bekanntem Weg zurück zur König-Otto-Kapelle (+ 1¾ Std.; Gesamtgehzeit 8 Std.). **Höhenunterschied Auf-/Abstieg:** ca. 700 m; **empfehlenswerte Karte:** Kompass 1:50 000 Blatt 8 (die Route ist dort als »Kieferer Kapellenweg« ausgewiesen).

Felsformationen in der Gießenbachklamm

Auf den Pendling

Zum alpinen Wahrzeichen Kufsteins

Der Pendling vom Hechtsee aus gesehen

Die Wanderung im Überblick: Stimmersee – Dreibrunnenjoch – Pendling – Kufsteiner Haus – Stimmersee

Talort: Kufstein

- leicht
- 10 km
- 5 ½ Std.
- 1060 Hm
- 1060 Hm
- ab 12

Ausgangs-/Endpunkt: Stimmersee (522 m) zwischen Kufstein und Unterlangkampfen am Ostfuß des Pendlings

Höhenunterschied: 1060 m

Höchster Punkt: 1563 m

Gehzeit: 5 ½ Std.

Tourencharakter: leichte Bergwandertour, Trittsicherheit ist angenehm

Einkehrmöglichkeit: Kufsteiner Haus (1537 m) auf dem Gipfel

Karte 1 : 50.000: f&b, Blatt 301 Kufstein – Kaisergebirge – Kitzbühel

Auskunft: Tourismusverband Ferienland Kufstein, Tel. +43 5372 62207

■ Der dunkle, aus dem Inntal abweisend wirkende Pendling ist viel mehr noch als das Kaisergebirge das alpine Wahrzeichen des »Städtchens am grünen Inn« und man glaubt kaum, dass er sich ohne Schwierigkeiten ersteigen lässt. Meist wird der Pendling von Hinterthiersee aus angegangen, das ist die absolut rascheste Möglichkeit, seinen Gipfel zu erreichen. Etwas größer wird die Aufgabe, wenn man vom Inntal hinaufgeht. Dabei umrundet man den Pendling zur Hälfte und sammelt über 1000 Aufstiegshöhenmeter. So wird der relativ niedrige Gipfel doch zu einer ausgewachsenen Bergtour.

Anfahrt: Inntalautobahn bis Ausfahrt Kirchbichl, dann über Unterlangkampfen und Schaftenau zur Abzweigung zum Stimmersee. Man erreicht den großen Parkplatz auf gutem Sträßchen mit zwei Kehren (deutlich beschildert).

Wegverlauf: vom großen Parkplatz beim Gasthaus Stimmersee hinauf zum Freibad. Am nordwestlichen Ufer entlang und (Wegweiser »Pendling«) rechts hinauf. Man gelangt zur Wegteilung und folgt dem Pfad zu Dreibrunnenjoch/Pendling (Wegweiser, deutlich bezeichnet). Auf schmalem Steig (an exponierten Stellen Geländer) teils steil hinauf zur Einmündung des von Kufstein kommenden Weges. Links weiter, um den Ausläufer des Maistaller Berges herum

(unten linkerhand ein kleiner, aufgestauter See), über den Bach und nordwestlich ins Dreibrunnenjoch (732 m, Holzbrunnen mit drei Ausflüssen und Denkmal für einen 1837 hier ums Leben gekommenen Geistlichen). Hier neuerliche Wegteilung. Wir wenden uns halblinks (nordwestl., Ww. »Pendling«). Auf Steig durch Wald und über lichte Stellen zu einer Forststraße. Man folgt ihr bis zur Fortsetzung des Steiges. Er quert, immer wieder durch Forststraßen unterbrochen, die gesamte Nordflanke des Pendlings. Bei Wegverzweigungen hält man sich grundsätzlich links, bis man (Wegkreuzung auf Forststraße) auf den von Hinterthiersee heraufkommenden Weg trifft (etwa 1170 m). Jetzt in Ostrichtung aufwärts. Unterhalb einer überhängenden Felswand (Ruhebank) Spitzkehre nach rechts hinauf. Der gute Steig führt bald an mehreren höhlenartigen Löchern vorbei und – zuletzt die Wirtschaftsstraße des Kufsteiner Hauses kreuzend – auf die Kammhöhe. Nun folgt man dem Kamm auf teils felsigem Weg durch lichten Wald in Nordostrichtung bis zum höchsten Punkt (Kreuz). In gleicher Richtung weiter zu einem zweiten Kreuz und zum Kufsteiner Haus. Abstieg auf der gleichen Route, wobei man im obersten Teil auch die Wirtschaftsstraße benützen kann.

Blick aus dem Kaisertal auf Kufstein und den Pendling

Köglhörndl und Hundalmjoch

Schroffer Fels über Mariastein

Steilabbrüche des Köglhörndls vom Weg zum Hundalmjoch; Blick auf das Inntal, über das sich der Pölven erhebt

Die Wanderung im Überblick: Mariastein – Gasthaus Bärnbad – Höhlensteinhaus – Köglhörndl – Hundalmjoch – Gasthaus Buchacker – Embach – Mariastein

Talort, Ausgangs-/Endpunkt: Mariastein (575 m), großer Parkplatz nordseitig unterhalb der Burg

Höhenunterschied: 1200 m

Höchster Punkt: 1645 m

Gehzeit: 7 Std.

Tourencharakter: durchaus anstrengende Rundtour, die Trittsicherheit verlangt

Einkehrmöglichkeiten: Gasthaus Bärnbad (834 m); Höhlensteinhaus (1230 m), privat; Almgasthof Buchacker (1450 m), Tel. +43 669 12358598

Karte 1 : 50.000: ÖK, Blätter 89 Angath und 120 Wörgl

Auskunft: Infobüro Angerberg/Mariastein, Tel. +43 5332 563 05

mittel
14 km
7 Std.
1200 Hm ↑
1200 Hm ↓
ab 14

■ Es ist die Toptour im Brandenberger Kamm, die lohnende Überschreitung zweier Gipfel, ein tagesfüllender Ausflug. Am Anfang und am Ende zwar Fahrwege, dazwischen aber schmale Bergsteige, lichter Wald, schroffe Felsszenerien, bewegende Ausblicke vom Kamm hinunter ins Inntal, wo mit der Schau auf Kirchbichl und Wörgl natürlich auch die talbelastende Industrie augenfällig wird. Das stört romantische Gemüter. Aber noch viel mehr dürfte der Transitverkehr stören, der hier in der Tiefe über die Inntalautobahn rollt: für die Anwohner eine Beeinträchtigung der Lebensqualität, die die Schmerzgrenze längst überschritten hat. Wer an Wochenenden oder Feiertagen unterwegs ist – denn nur dann finden Führungen statt –, für den lohnt sich allemal ein Besuch der Hundalm-Eishöhle. Sie ist die einzige Schauhöhle Westösterreichs und die einzige mit Tropfsteinen in den Nordtiroler Bergen. Und sie liegt fast am Weg.

➡ **Anfahrt:** mit dem Auto auf der Inntalautobahn (A 93) bis Anschlussstelle Kirchbichl/Mariastein und über Niederbreitenbach zum Ausgangspunkt; Bahn/Bus: von Bahnhof Wörgl Busverbindung

➡ **Wegverlauf:** von Mariastein in nördlicher Richtung teils auf Fahrstraße, teils auf Wegstücken durch den Wald hinauf zum Gasthaus Bärnbad. Von dort führt ein schmaler Steig nordöstlich weiter.

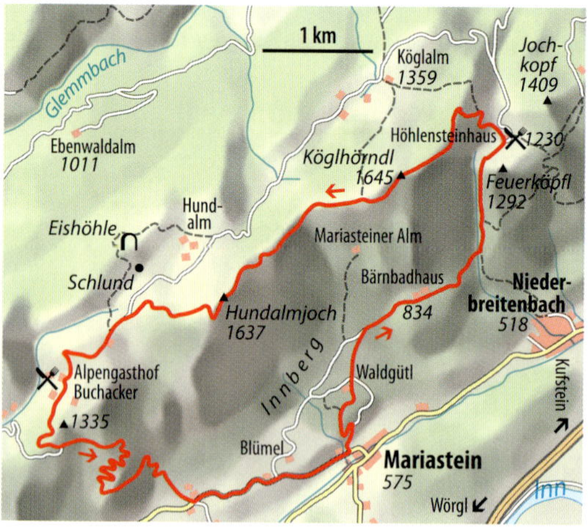

Laubhölzer hellen diesen Anstieg in der Vegetationszone auf. Nach Einmündung der von Niederbreitenbach bzw. von Unterlangkampfen heraufführenden Wege wird es recht steil. Längs einer Felswand führt der Steig mit vielen Kehren in eine Senke. Hügeliges Almgelände tut sich auf. Nun sind es nur noch ein paar Minuten bis zum Höhlensteinhaus (2 Std.).

Burg Mariastein

Die Burg mit ihrem elfeckigen Wohnturm stammt aus dem 14. Jh. und steht auf einer Bergsturzmasse. Oberhalb des Rittersaals befindet sich im dritten und vierten Geschoss des Turms jeweils eine Kapelle. Die erste, die spätgotische Heiligkreuzkapelle, stammt etwa aus dem Jahr 1550. 37 Jahre später wurde darüber, also im vierten Geschoss, die Gnadenkapelle gebaut und Mariastein zum Wallfahrtsziel.

Von der Hütte geht man in Westrichtung auf dem Weg über die Almwiese und steigt dann am Nordhang des Köglhörndls durch Wald steil in Serpentinen hinauf. Bald aber wird das Gelände immer freier. Lichte Lärchen säumen den Weg. Man betritt den Gipfelkamm und nach einem letzten Steilaufschwung steht man beim großen Kreuz des Köglhörndls (1645 m, + 1¼ Std.). Jetzt folgt man dem Kammweg in südwestlicher Richtung. Aus einer Scharte beeindrucken senkrechte Felswände. Bald danach leitet die Markierung in die genau entgegengesetzte Wegrichtung. Man gelangt zu einem Stahlseil, das den Abstieg über eine Felspassage nördlich der Kammlinie erleichtert. Kammnah verläuft der Weg dann weiter. Man könnte nun hinüberschlendern zur Hundalm. Bei drohendem Gewitter wäre das zweifellos besser. Schöner ist es freilich, auf dem Kamm zu bleiben, hinüberzubummeln bis zum Metallkreuz des Hundalmjochs (1637 m, + 1 Std.). Eine Bank lädt zum Verweilen ein.

Nun folgt man dem markierten Steig, der erst noch kammnah in südlicher Richtung, bald aber nach Westen auf die Wiesen der Hundalm hinunterführt. Den Wegweisern zur Buchackeralm folgen (Gasthof Buchacker, + ¾ Std. Vorher Abzweigung zur Hundalm-Eishöhle. Führungen samstags, sonn- und feiertags im Sommer bis zum 1. Oktober). Südlich hinab und auf kühn in den inntalseitigen Hang gesprengtem und gegrabenem Fahrsträßchen abwärts nach Embach. Nordöstlich auf befestigtem Sträßchen nach Mariastein zurück.

15

Heuberg und Kienberg

Die höchsten Gipfel des Brandenberger Kamms

Kaisergebirge (links bis Bildmitte) und Pölven vom Heuberg aus gesehen

Die Wanderung im Überblick: Breitenbach-Ramsau – Jocherkapelle – Jocher – Jocheralm – Heuberg – Kienberg – Jocheralm – Breitenbach-Ramsau

Talort: Breitenbach am Inn

Ausgangs-/Endpunkt: Ramsau (535 m) nördlich oberhalb von Breitenbach (hier nur beschränkte Parkmöglichkeiten, Auto in Breitenbach abstellen)

Höhenunterschied: 1300 m

- leicht
- 10,5 km
- 6 Std.
- 1300 Hm
- 1300 Hm
- ab 14

Höchster Punkt: 1786 m

Gehzeit: 6 Std.

Tourencharakter: Ausdauer ist nötig, Trittsicherheit angenehm

Einkehrmöglichkeit: unterwegs keine

Karte 1:50.000: f&b Blatt 321, Achensee – Rofan – Unterinntal

Auskunft: Tourismusinformation Kundl, Tel. +43 5338 83 26

■ Der Brandenberger Kamm »begleitet« den Inn zwischen Kramsach und Kufstein. Alpingeografen ordnen diese Kette, die knapp 1800 m erreicht und mit Köglhörndl/Hundalmjoch die markantesten Gipfel ausbildet, dem Rofangebirge zu. Dabei trennt die Brandenberger Ache beide Gruppen eindeutig. Höchste Erhebung des Kamms ist der Kienberg. Der südöstlich vorgelagerte Heuberg indessen ist der noch bessere Aussichtspunkt: Frei liegt hier das Inntal zu Füßen. Wir ersteigen beide Gipfel.

Anfahrt: mit dem Auto auf der A 93 bis Anschlussstelle Wörgl-West und über Kundl (Bahnstation) nach Breitenbach

Wegverlauf: Von Breitenbach-Ramsau folgt man der Markierung Nr. 19 bis unter die Hochspannungsleitung. Dort links ab (Wegweiser »Brandenberg«), über die Wiese und auf einem Weg am Bach entlang. Später steil durch Wald. Man erreicht eine Forststraße, überquert sie und gelangt auf schmalem Steig zur Jocherkapelle (896 m). Weiter steil durch den Wald hinauf. Bald links über einen Bach und durch Laubwald in die Einsattelung des Jocher (ca. 1130 m, 1¾ Std.). Jetzt kurz auf dem Fahrweg in Richtung Brandenberg entlang, dann dem Wegweiser »Plessenberg« rechts (östlich) in den Wald hinein folgen. Immer der Markierung nach »teilweise steil« zur aussichtsreich gelegenen Jocheralm (1535 m, + gut 1 Std.). Nun entweder auf Steig nordöstlich über die steilen Wiesen und einen flachen Kamm zuerst auf den Heuberg (1746 m). Von dort nordwestlich auf dem latschenbewachsenen, teilweise etwas felsigen Graskamm – über eine

weitere Erhebung hinweg – in einen Sattel und durch eine Latschengasse auf den Kienberggipfel (1786 m, + 50 Min.). Oder von der Jocheralm, der Markierung folgend, westseitig um den Heuberg herum und ebenfalls in den Sattel und zum Kienberg. Der Heuberg kann sowohl während des Auf- als auch während des Abstiegs begangen werden und belohnt mit einer fantastischen Aussicht.

➡ **Wanderung durch die Kundler Klamm:** Gegenüber an der südlichen Innseite liegt der reizvolle Marktflecken Kundl. An seinem Südrand befindet sich das E-Werk, in dem die Wasser der Wildschönauer Ache zur Stromgewinnung genutzt werden. Dort beginnt der Weg durch die Kundler Klamm (am Beginn geologische Informationstafel). Auf dem Fahrweg zum Gasthof Klamm. Ab hier treten die Ufer der Ache zusammen. Bis zu 200 Meter hohe Felswände türmen sich beiderseits des Wildbachs auf. Der Klammweg verläuft unter den Wänden am linken Bachufer. Nach jeder Wegbiegung überraschen neue Eindrücke wie kleine, herabplätschernde Wasserfälle. Ein größerer Wasserfall stürzt etwa nach halber Wegstrecke von den gegenüberliegenden Wänden herunter. Früher kam man an Geländeeinschnitten mit labiler, rutschgefährdeter Hangoberfläche vorbei, was sich schon an den zahlreichen Hangrutschen mit den etwas schräg stehenden Bäumen feststellen ließ. Nach einem tödlichen Steinschlagunfall 2007 ist die Klamm saniert, sind 60 (!) Gefahrenstellen entschärft worden, was 2 Millionen Euro kostete. Zwei Jahre lang war sie gesperrt und ist nunmehr als Erlebnisklamm aufbereitet.

Im Kiesbett der gletscherblauen Ache sieht man immer wieder gestrandetes Schwemmholz, teils ganze Bäume, die der letzte starke Gewitterregen mitgeführt hat. Das lässt an die Holztrift denken. Denn hier durch die Klamm wurden im schäumenden Hochwasser nach der Schneeschmelze die im Winter gefällten Bäume zu Tal geschafft. Eine schwere und gefährliche Arbeit! Eine Gedenktafel in der Klamm erinnert daran, dass hier am 7. Mai 1907 Peter Felberberger beim Holztriften sein Leben verlor.

Nach etwa 3 Kilometern – vorher wechselt man noch mal ans andere Ufer und überquert den Stainbach – gelangt man auf dem nun breiteren Wirtschaftsweg nach einer kurzen Waldpassage mit Lichtungen in offenes, nach der schattigen Schlucht liebliches Wiesengelände mit vielen herrlichen Blumen. Die sehr alten, für die

Prächtiger Hof oberhalb der Kundler Klamm

Kitzbüheler Alpen typischen, aus Holz gebauten und von der Sonne im Laufe der Jahrhunderte rostbraun eingefärbten Gehöfte am Weg (mit Vesperglocken am Dach, dem umlaufenden, überdachten Balkonerker, dem Ansitz unterm Balkon neben dem Hauseingang, der üppigen Holzlege daneben), sind sehenswert und erfreuen das Auge. Sie sind meist von Streuobstwiesen umgeben. Im Weiler Niederachern (715 m) steht eine Kapelle am Weg. Bald erreicht man den Gasthof Klammrast, nicht weit vom Ortsrand von Mühltal (784 m), dem Zielpunkt der Wanderung (2¼ Std.). Retour geht's auf dem selben Weg, was nicht viel weniger Zeit kostet.

Eine weitere Möglichkeit ab Klammparkplatz wäre die Ersteigung des Kragenjochs (1425 m) über die Kragen-Niederalm. Sie verlangt immerhin die Mühe von 900 Auf- und Abstiegshöhenmetern. Wenn man den Rückweg über Achentalalm, Schönberg und Ebersau nimmt, erreicht man bei der »Klammrast« die Kundler Klamm und erlebt den maximalen Genuss: Gipfel und Klamm (insgesamt ca. 5½ Std.).

Zur Rofanspitze

Sanfter Grasberg nur im Süden

Das Marterl des berühmten Westalpenbergsteigers und Gärtnerplatz-Theater-Musikers Franz Königer, der am Rofangrat tödlich abstürzte

Die Wanderung im Überblick: Maurach – Rofanseilbahn-Bergstation – Grubascharte – Rofanspitze-Hauptgipfel – Maurach

- mittel
- 7 ½ km
- 3 ½ Std.
- 450 Hm
- 450 Hm
- ab 10

Talort: Maurach

Ausgangs-/Endpunkt: Rofanseilbahn-Bergstation (1840 m)

Höhenunterschied: 450 m

Höchster Punkt: 2259 m

Gehzeit: ca. 3 ½ Std.

Tourencharakter: für die Grubastieg ist Trittsicherheit gut, für das kurze Stück des Gipfelkamms erforderlich

Einkehrmöglichkeit: Erfurter Hütte (1831 m), DAV-Sektion Ettlingen, bew. Pfingsten bis Mitte Okt., 74 Schlafplätze, Tel. +43 5243 5517

Karte 1:25.000: AV-Karte Blatt 6, Rofan

Auskunft: Informationsbüro Maurach, Tel. +43 5243 5355

■ Im Rofangebirge gibt es etliche Berge, die steile Wände nach Norden und milde(re) Flanken gen Süden aufweisen, doch bei der Rofanspitze ist dies am ausgeprägtesten. Mit ihrem Rofanturm fällt die Rofan-Nordwand besonders auf, und welche(r) Extreme hätte sich nicht mit dem »Buhl-Dachl« beschäftigt, das der berühmte Innsbrucker Bergsteiger Hermann Buhl als Erster bestieg. Der glattwandige Rofanturm, der sich förmlich an das Felsmassiv der Rofanspitze schmiegt, wurde erstmals von Herbert Eichhorn erklettert, dem größten aller Rofanpioniere. Später war es Ernst Schmid, der in seine Fußstapfen trat. Der Verfasser hat den Alten noch kennen gelernt, Wege markierend an der Ostseite des Rofanstocks. Seine Touren, wie das berühmte »Ypsilon« (zusammen mit Hannes Fiechtl), sind legendär. Um nicht weiter abzuschweifen: Die Südseite der Rofanspitze ist grasbewachsen und bietet im Winter eine tolle Skitourenabfahrt.

Anfahrt: mit dem Auto von der Inntalautobahn (A 93) ab Ausfahrt Wiesing/Zillertal Richtung Achensee über die Kanzelkehre; von Norden über Achenkirch, die Achenseestraße und Buchau nach Maurach; Wegweiser zur Rofanseilbahn; Bahn/Bus: nächstgelegene Bahnstation ist Jenbach/Inntal; von dort Busverbindung nach Maurach. Oder ab Bahnhof Tegernsee mit dem RVO-Bergsteigerbus (Fahrplan www.achensee.org)

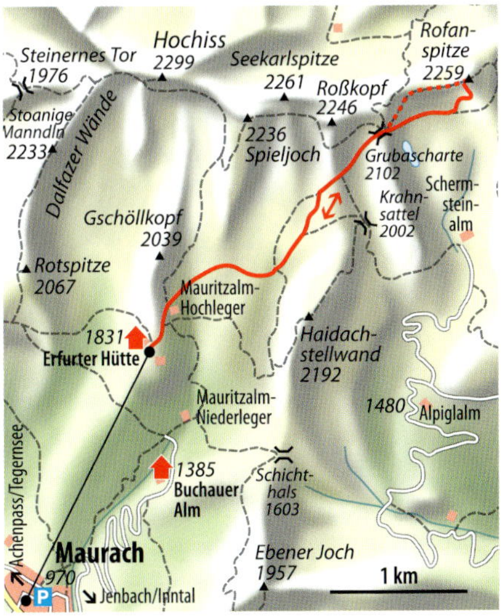

Wegverlauf: Man lasse sich von den Errungenschaften einer »neuzeitlichen Tourismusindustrie« (Skyglider »Airrofan« vom Gschöllkopf herab) nicht stören, sondern gehe von der Rofanseilbahn-Bergstation nördlich zum Mauritzalm-Hochleger. (Die Wegabzweigungen zum

Kotalmsattel, zum Mauritzalm-Niederleger und zur Haidachstellwand bleiben unbeachtet.) Bald darauf zweigt der Steig auf die Hochiß links ab. Wir bleiben jedoch auf dem AV-Weg Nr. 401, der sich in Nordostrichtung zur felsigen Grubastieg hinaufzieht. Über diese einzige anstrengende Wegpassage wird das zwischen den Ausläufern der Seekarlspitze und der Haidachstellwand befindliche Wiesentälchen der Gruba erreicht. Darin nordöstlich in mäßiger Steigung aufwärts. Zwischen Roßkopf (links) und Grubalackenspitze (rechts) durch in die Grubascharte (2101 m). Von dort nicht direkt in Richtung Westgipfel, sondern jenseits der Scharte in gleicher Richtung auf dem Weg zum Schafsteigsattel weiter, bis nach kurzer Zeit ein deutlich ausgeprägter Steig in Kehren über den steilen Grashang zum Kamm empor führt. Auf ihm östlich zum Rofanspitze-Hauptgipfel. Ca. 2 Std. Abstieg auf der gleichen Route.

Die wilde Seite: Rofanspitze und Rofanturm von Osten

Über die Haidachstellwand

Mit kleiner, gesicherter Steilstufe

Von der Gruba beeindruckt die steile Südwand des Roßkopf-Südgipfels

Die Wanderung im Überblick: Maurach – Rofanseilbahn-Bergstation – Haidachstellwand – Krahnsattel – Rofanseilbahn-Bergstation

Talort, Ausgangs-/Endpunkt: Maurach

Höhenunterschied: gut 350 m

Höchster Punkt: 2192 m

Gehzeit: 3 ¼ Std.

Tourencharakter: kurze Tour, die absolute Trittsicherheit und Schwindelfreiheit verlangt; im Zweifelsfall lieber über den Krahnsattel auf- und absteigen

Einkehrmöglichkeit: Erfurter Hütte (siehe Tour 16)

Karte 1:25.000: AV-Karte Blatt 6, Rofan

Auskunft: Informationsbüro Maurach, Tel. +43 5243 5355

mittel
5 ½ km
3 ¼ Std.
350 Hm
350 Hm
ab 12

■ Die Haidachstellwand ist den Rofan-Hauptgipfeln südlich vorgelagert und bildet gegen das Inntal beachtliche Wände aus. Zur Rofan-Hochfläche hin weisen ihre Felszonen einen Schwachpunkt auf: An ihrer niedrigsten Stelle gibt es einen Durchschlupf: kurz, steil, mit einem Drahtseil gesichert zwar, aber für Trittsichere problemlos – immer mit der Einschränkung: bei normalen Verhältnissen. Schnee oder Vereisung könnten gänzlich andere Bedingungen schaffen, dann kämen nur sehr geübte Bergsteiger durch. Unser Abstiegsweg über den Krahnsattel ist die leichteste Möglichkeit an der Haidachstellwand und könnte auch als Anstiegsalternative dienen. Ansonsten gibt es an diesem Berg eine Reihe von mittelschweren Kletterrouten mit Wandhöhen bis knapp 300 Metern (Ostwand, Südostwand) und einem 500 Meter hohen Südwestgrat, der aber so gut wie nie begangen wird, weil der steile Zustieg viel unangenehmes Grasgelände aufweist. Aber wer so etwas mag ... Die lohnendste Route ist die Koch-Wimmer-Führe an der Südwand (IV, 150 m) mit festem Fels und originellen Kletterstellen.

➡ **Anfahrt:** siehe Tour 16

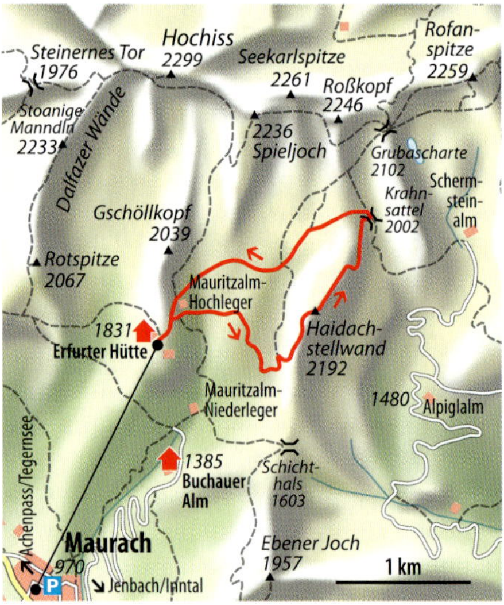

Schilderbaum nahe der Rofanseilbahn-Bergstation; ein Weg führt zur Haidachstellwand

Wegverlauf: Von der Rofanseilbahn-Bergstation in Nordrichtung gehen, dann aber nicht dem Steig in Richtung Rofanspitze und Hochiß folgen, sondern an der Wegverzweigung rechts ab. Gleich darauf führt der Weg nach Maurach rechts hinunter. Man folgt aber dem Steig in Ostrichtung zur Gassenalm. Jetzt südöstlich auf die Hochstellwand zu und mit Serpentinen in den Sattel (»Hochstand«) zwischen dieser und der Haidachstellwand. In Nordrichtung an deren Felsen entlang und über eine kurze, gesicherte Wandstufe auf einen Rücken. Man folgt ihm zu einer weiteren kleinen Felsstufe und erreicht über sie die Gipfelfläche (2 Std.).

Der Weg führt nördlich nahe dem Gipfelplateau-Ostrand in sanftem Gefälle abwärts. Auf dem darauffolgenden breiten, grasigen und felsdurchsetzten Band windet sich der jetzt schmale Steig zum Krahnsattel (2002 m) hinunter. Von dort in Nordwestrichtung direkt auf die markante Roßkopf-Südgipfel-Südwand zu, bis man auf den von der Grubascharte bzw. von der Rofanspitze herüber führenden AV-Weg Nr. 401 trifft. Auf ihm südwestlich über die Gruba und die Grubastieg (siehe Tour 16) hinunter zur Erfurter Hütte und zur Rofanseilbahn-Bergstation zurück.

Auf den Guffert

Bergriese zwischen Bayerischen Voralpen und Rofan

Teil der etruskischen Felsinschriften – sie sind durch ein Gitter geschützt – in einer Nische nördlich unterhalb des Schneidjochs

Die Wanderung im Überblick: Steinberg – Guffert – Steinberg bzw. Köglboden – 10 Min. vor Gufferthütte – etruskische Schneidjoch-Inschriften – Steinberg

- mittel
- 10 km
- 6 Std.
- 1200 Hm
- 1200 Hm
- ab 14

Talort: Steinberg am Rofan

Ausgangs-/Endpunkt: Feuerwehrhaus oder Steinberg-Westrand beim »Pulverer« (1010 m)

Höhenunterschied: knapp 1200 m

Höchster Punkt: 2195 m

Gehzeit: ca. 6 Std.

Tourencharakter: etwas anstrengende Bergtour; für den Schlussanstieg ist Trittsicherheit erforderlich

Einkehrmöglichkeit: unterwegs keine

Karte 1:50.000: Kompass Blatt 27, Achensee – Rofangebirge

Auskunft: Informationsbüro Achenkirch, Tel. +43 5246 5321

■ Der Guffert ist ein Bergriese und wirkt besonders elegant von Westen aus. Bei Extremkletterern gefragt ist die Südkante, bei Genusskletterern hingegen der Westgrat. Er ist immer noch ein Geheimtipp, denn der Zugang hat es in sich. Am leichtesten kann man dem Guffert-Gipfelaufbau von der Ostseite her beikommen. Die Rundumsicht vom Gipfel ist grandios, kein Wunder, steht der Guffert doch völlig frei – ein richtiggehender Inselberg dessen Besteigung über die Nordflanke als Variante vorgeschlagen wird.

Anfahrt: Die Straße nach Steinberg zweigt bei Achenkirch in Ostrichtung ab; Achenkirch erreicht man von Norden entweder über Bad Tölz, Lenggries und Achenwald, oder über Rottach-Egern, Achenpass und Achenwald; von Süden wird Achenkirch am Achensee vom Inntal, Autobahn A92 ab Ausfahrt Wiesing/Zillertal, Richtung Achensee erreicht.

Wegverlauf: Der Weg führt zunächst noch bequem durch Hochwald aufwärts. Weiter oben wird er durch eine breite Forststraße unterbrochen. Man gelangt etwa in Falllinie des Guffertgipfels zu einer Lawinenschneise. Rechts davon steil mit Kehren hinauf. Dort,

Die etruskischen Schneidjoch-Inschriften

Vom Köglboden (963 m) an der Straße Achenkirch – Steinberg kann man Richtung Gufferthütte aufsteigen, bis (zuletzt nicht auf der Forststraße, sondern auf dem geradeaus – östl. – abzweigenden Wanderweg gehend) 10 Minuten unterhalb der Hütte der Weg »Schneidjoch/Guffert« rechts abzweigt. Ein neuerlicher Abzweig nach rechts (Ww.) leitet dann rasch zur Inschrift, insgesamt 2 ¾ Std. vom Köglboden. Sie ist durch ein Gitter mit -tür geschützt und besteht aus sieben heute noch lesbaren Zeilen, die aus der Latènezeit stammen, also 2000 bis 2400 Jahre alt sind. Zwar konnten einzelne der in Stein gehauenen Zeilen übersetzt werden, doch ist man bis heute im Unklaren über die tatsächliche Bedeutung der Schriften. Die Gesamtlänge der Zeilen beträgt 5,70 Meter, die einzelnen Buchstaben sind zwischen fünf und 30 Zentimeter hoch, die einzelnen Zeilen stammen von verschiedener Hand.

wo die von der Südkante herunterziehenden, glattgescheuerten und latschengesäumten Felsrinnen erreicht werden, biegt der Weg scharf rechts ab. Unterhalb einer Felswand empor und in einen Sattel. Von dort nördlich hinauf zu der Stelle, wo der vom Guffertstein herüberführende Weg einmündet. Westlich über Felsen und Geröll auf eine Grasterrasse und weiter zum Gipfelaufbau. Er verschmälert sich am Schluss zu einem Grat. Entlang von Drahtseilsicherungen am stark geglätteten Fels zum Gipfelkreuz (3 ½ Std.). Abstieg entweder auf der gleichen Route oder (für Konditionsstarke) auf dem längeren Weg über Guffertstein (1963 m, Gegenanstieg) und Luxeggalm nach Steinberg zurück (3 ¼ Std.).

Variante über die Guffert-Nordflanke: Wenn man schon einmal bis zu den etruskischen Inschriften (vom Köglboden gut 2 Std.) heraufgestiegen ist, könnte man – mit Übung auf leichten Klettersteigen – den Guffert über seine Nordflanke ersteigen. Zurück zur Weggabelung und im freien Gelände südwestlich aufwärts in den Sattel östlich des Schneidjochs. Es könnte in Westrichtung über Gras, mäßig steile Felsplatten und zuletzt durch einen richtiggehenden Brennnesselwald – wohl denen, die dort die Idealspur finden! – bestiegen werden und müsste eigentlich Brennjoch heißen ... Jenseits erst relativ steil, dann flacher abwärts und einem bewaldeten Rücken folgen, von dem man links unten die Issalm (1466 m, + ¾ Std.) liegen sieht. Weiter direkt auf die Guffert-Nordwand und auf eine weithin

Der Guffert mit seiner markanten Südkante

sichtbare Höhle zu. Bei ihr über eine Wandstufe empor (Sicherungen) und durch eine Rinne schräg links zu einem Kessel. Mit kurzen Kehren auf einen dem Guffertgipfel vorgelagerten Kopf. Steil über Felsen und Gras bis an den Gipfelstock, wo man auf die Route von Steinberg herauf trifft (+ 1¾ Std.). Abstieg über die Nordflanke nur auf der Anstiegsroute und vom Rücken oberhalb der Issalm westlich auf schmalem Steig zur Stubachalm (1371 m). Weiter durch Hochwald hinab zur Oberbergalm (1029 m) an der Straße Steinberg – Achenkirch (Bushaltestelle; + 3½ Std.). Per Bus, Anhalter oder zu Fuß an der Straße entlang über die Unterbergalm zum Köglboden.

Zum Gamsjoch

Dreigipfelberg über der Eng

In der Eng mit Blick zur Eiskarl- (links) und zur Spritzkarspitze; in der Mitte der Schiefe Riss

Die Wanderung im Überblick: Eng – Engalmen – Gumpenjöchl – Gamsjoch-Westgipfel – Gamsjoch-Mittelgipfel – Gamsjoch-Westgipfel – Gumpenjöchl – Lalidersalm-Hochleger – Hohljoch – Engalmen – Eng

mittel
14 km
8 Std.
1200 Hm
1200 Hm
ab 14

Talort: Hinterriß

Ausgangs-/Endpunkt: Eng (1203 m)

Höhenunterschied: 1200 m

Höchster Punkt: 2452 m

Gehzeit: 8 Std.

Tourencharakter: relativ große Bergtour, für die Trittsicherheit und gute Kondition notwendig sind; bei nassem Boden nicht unternehmen!

Einkehrmöglichkeit: Engalmen

Karte 1:25.000: AV-Karte Nr. 5/2, Karwendelgebirge Mittleres Blatt

Auskunft: Tourismusverband Silberregion Karwendel, Tel.+43 5242 632 40

■ Das Gamsjoch türmt sich direkt über der Eng auf und ist Kulminationspunkt einer Karwendel-Untergruppe, eben des Gamsjochstocks. Eine schier erdrückende Bergmasse, deren wahre Größe man erst aus gewisser Distanz – zum Beispiel vom Weg Eng – Lamsenjochhütte – überblickt. Doch man gelangt leichter hinauf, als es den Anschein hat. Wer sich nicht scheut, auch einmal einen ziemlich steilen – keineswegs schwierigen – Zustieg unter die Sohlen zu nehmen, kann sogleich unmittelbar vor den Eng-Almhütten den Berg direkt angehen und erst beim Abstieg die ganz normale Route mit dem »Umweg« über das Hohljoch wählen. Eine Tour, die reich ist an landschaftlichen Eindrücken.

➡ **Anfahrt:** mit dem Auto von Hinterriß (dorthin von Lenggries oder vom Achensee entlang am Sylvensteinspeicher und über Vorderriß bzw. von Wallgau auf Mautstraße und ebenfalls über Vorderriß) durch das Rißtal (ab Alpenhof Maut); Bahn/Bus: ab Lenggries mit dem Bergsteigerbus (www.eng.at)

➡ **Wegverlauf:** vom Eng-Parkplatz auf Promenadenweg zu den Engalmen (1227 m). Gleich an ihrem nordöstlichen Rand, vor dem Weidezaun, geht man in Nordrichtung über die Wiese aufwärts und trifft auf deutliche, markierte Steigspuren, denen man in gleicher Rich-

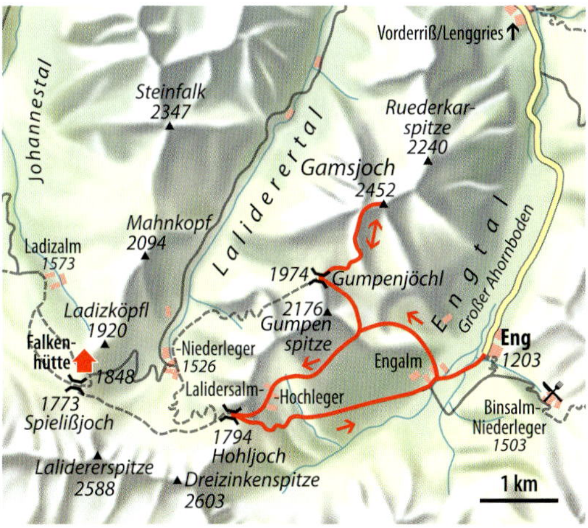

tung folgt. Bald prägt sich ein Serpentinensteig aus, der sich in noch annehmbarer Steilheit nordwestlich in einen Graben hineinzieht, zu einer Geröllrinne verengt und in Westrichtung weiterführt. (An dieser Engstelle nicht den Markierungen rechts an den Felsen folgen; sie geben nur die Hauptrichtung an; besser im Geröll bleiben.) Über den bald wieder breiteren Schuttstrom mühsam zum Steig empor, der vom Hohljoch bzw. vom Laliders-Hochleger herüberkommt. Auf ihm ins begrünte Gumpenkar und zuletzt in Kehren empor ins Gumpenjöchl (1974 m, 2 ½ Std.), von dem aus man einen überraschenden Ausblick zu den Lalidererwänden hat. Nun rechts und dem guten Steig folgen, der an den Südostkamm des Gamsjochs leitet. Meist links der Kammlinie auf kleinem, felsigem Steig empor. Nach einer steileren, felsigen Stufe folgt ein langer Gras- und Geröllhang, über den man in Kehren auf den Südwestkamm gelangt. Von dort mit wenigen

Gamsjoch (Bildmitte) vom Sonnjoch aus gesehen

Lalidererwände

Zwischen Hohl- und Spielißjoch ragt die kilometerbreite Front der Lalidererwände aus dem Geröll, die Nordwände von Dreizinkenspitze, Laliderer Wand und Laliderer Spitze. Diese mächtige Wandflucht hat in den Nordalpen kein Gegenstück. Bis zu 900 m hoch, wird sie von etlichen Routen durchzogen, unter denen der alte Weg von Angelo Dibona, Luigi Rizzi sowie Max und Guido Mayer (1910) bereits den oberen fünften Schwierigkeitsgrat aufweist. Aus den späten 1920er-Jahren stammt die »Krebs/Schmid« (–VI). Berühmt wurden die Routen von Hias Rebitsch aus den 1940er-Jahren: die »Direkte« an der Laliderer Spitze und die Nordverschneidung (VI+) der Laliderer Wand. Bereits 1921 kletterten im Wandwinkel zwischen Dreizinkenspitze und Grubenkarpfeiler Otto Herzog und Gustav Haber ihre »Ha-He«-Verschneidung, einer der ersten oberen Sechser alpenweit. Die großen Routen der Lalidererwände, an denen bis in die 1970er-Jahre hinein Neutouren kreiert worden sind, werden heutzutage kaum noch geklettert.

Schritten zum Gamsjoch-Westgipfel (ohne Höhenangabe, + 2 Std.). Der Übergang zum etwas höheren Mittelgipfel (2452 m) erfolgt auf Steigspuren meist etwas unterhalb der Gratlinie und setzt absolute Trittsicherheit und Schwindelfreiheit voraus (hin und zurück ¾ Std.).

Abstieg auf der Anstiegsroute bis dorthin, wo man im Aufstieg aus dem Geröllhang heraus den Steig erreicht hat. Man bleibt auf dem Steig (eine längere, splittrige Abstiegsstelle) und gelangt an die Südosthänge der Gumpenspitze, die der überwiegend schlechte Weg quert. Er führt zum Lalidersalm-Hochleger und von dort rasch zum Hohljoch (1794 m, +2 Std.) mit fantastischem Blick auf die Lalidererwände. Jetzt links und auf dem AV-Weg Nr. 201 zurück in die Eng.

Gamsjoch (rechts) und Lalidererwände vom Bärenlahnersattel

20

Hohljoch und Mahnkopf

Ein absolutes Karwendel-Highlight

Mahnkopf und Steinspitze mit Laliders-Niederleger vom Hohljoch aus gesehen

Die Wanderung im Überblick: Eng – Hohljoch – Spielißjoch – Falkenhütte – Ladizjöchl – Mahnkopf – Ladizjöchl – Eng

leicht
17 km
6 ½ Std.
1100 Hm
1100 Hm
ab 12

Talort, Ausgangs-/Endpunkt: Eng

Höhenunterschied: ca. 1100 m

Höchster Punkt: 2094 m

Gehzeit: knapp 6 ½ Std.

Tourencharakter: keine Schwierigkeiten; am steilen Anstieg zum Mahnkopf jedoch etwas Steinschlaggefahr durch Vorausgehende

Einkehrmöglichkeiten: Falkenhütte (1848 m), DAV-Sektion Oberland, bew. Anf. Juni bis Mitte Okt., 156 Schlafplätze, Tel. +43 5245 245

Karte 1 : 25.000: AV-Karte Nr. 5/2, Karwendelgebirge Mittleres Blatt

Auskunft: Tourismusverband Silberregion Karwendel, Tel.+43 5242 632 40

■ Diese Tour ist wahrhaftig kein Geheimtipp, aber der Verfasser würde sie am liebsten jedes Jahr unternehmen. Denn sie beginnt bereits vom Startpunkt aus mit Landschaftsbildern, die weit und breit ihresgleichen suchen. Und immer noch ist eine Steigerung drin: Plötzlich steht man direkt gegenüber der 1000 Meter hohen Grubenkarspitze-Nordwand, und im Hohljoch ist man geradezu erschlagen von der Wucht der Laliderer-Wände. In ungezügelter Wildheit präsentiert sich hier das Karwendel. Und dann der Gang unterhalb dieser Wände! Immer wieder zieht es einem den Kopf in den Nacken. Kleine Gedenktafeln mahnen aber auch daran, dass diese Felsbastionen selbst für hervorragende Kletterer gefährlich sind. Die Falkenhütte mildert dann etwas den bedrohlichen Eindruck, den die »Laliderer« hinterlassen. Wenn man dann noch zum Mahnkopf, der zur Gruppe der hüttennamengebenden Falken gehört, ansteigt, wirken sie immer weniger erdrückend und andere große »Karwendler« rücken ins Sichtfeld: Sonnenspitze, Kaltwasserkar-, Birkkarspitze. In der Tiefe grüne Almböden und dunkle Wälder. Doch dann kehrt man zurück zu dieser Felsen-Urlandschaft, unter der man schon vom Hinschauen schwach werden möchte und die im Abendsonnenlicht aufglüht und alle verzaubert, die ins Herz dieses 900 Quadratkilometer umfassenden Gebirges gewandert sind.

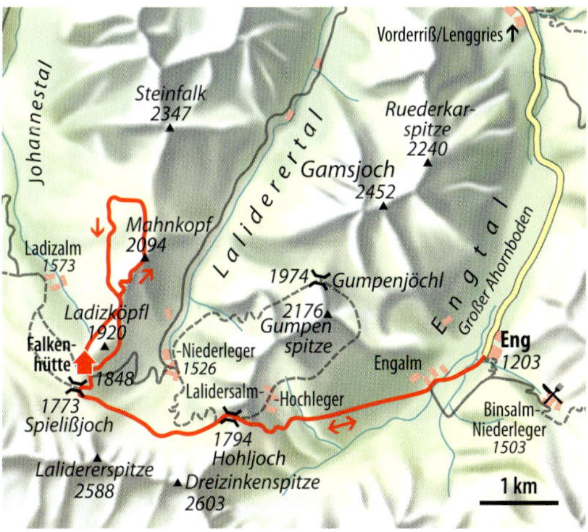

Anfahrt: siehe Tour 19

Wegverlauf: vom Großparkplatz beim Alpengasthof »In der Eng« südwestl. auf Promenadenweg zum Eng-Almdörfchen und westwärts über den freien Hang hinauf in den Mischwaldgürtel. Mit herrlichen Ausblicken auf die Felswände der Spritzkar,- der Platten- und der Grubenkarspitze teilweise steil empor zu den Almwiesen unterhalb des Hohljochs (1795 m). Drüben linkshaltend auf den Weg, der unterhalb der Lalidererwände quer durch die Geröllpassagen zum Spielißjoch führt. Von dort auf dem Fahrweg nördlich in Kehren zur Falkenhütte (2 ½ Std.). Jetzt in Nordrichtung ansteigen, links (westl.) um das Ladizköpfl herum (kurze Felsabsätze) und in die Senke vor dem Mahnkopf (Ladizjöchl, 1825 m). Steil in Serpentinen (Geröll, Fels), zuletzt über Gras auf den Mahnkopf (2094 m, + 1 Std.). Nun nördlich über einen Grashang (Markierungen) absteigen zum Falkenstand (1965 m), der Senke zwischen Mahnkopf und Steinspitze. Noch eine

Ausblick vom Mahnkopf auf Unbenannten Gipfel, Kaltwasserkar- und Birkkarspitze (von links nach rechts)

Hermann v. Barth

war der große Karwendel-Erschließer in der klassischen Zeit des Alpinismus. Am 5. Juni 1845 auf Schloss Eurasburg bei Wolfratshausen geboren, verbrachte er dort und auf dem nahe gelegenen Schloss Harmating seine Kindheit. Barth studierte Rechtswissenschaften und gehörte einer »schlagenden Verbindung« an. Seine Leidenschaft galt den großen Kalkalpengipfeln und so leistete er Pionierarbeit in wesentlichen Teilen der Berchtesgadener und Allgäuer Alpen, des Wetterstein- und Mieminger Gebirges und – 1870 – des Karwendels, wo ihm 12 Erstersteigungen (bis Schwierigkeitsgrad III) bedeutender Gipfel glückten. Seine Erkenntnisse und Erlebnisse veröffentlichte er in dem kolossalen 1000-Seiten-Werk »Aus den Nördlichen Kalkalpen« (1874). Der Juristerei müde, studierte v. Barth Geologie und wurde Landesgeologe in den damaligen afrikanischen Kolonie-Provinzen Angola und Benguela. Am 7. Dezember 1876 nahm er sich in San Paulo de Loanda (Angola) angeblich im Fieberwahn das Leben.

Weile nach Norden in Richtung Steinspitze mäßig steil ansteigen, bis man auf den markierten Pfad trifft, der von dem Gipfel herunterzieht. Auf ihm links (westseitig) absteigen, dann in Südrichtung am Mahnkopf vorbei zurück ins Ladizjöchl. Von dort zur Falkenhütte und über den Zugangsweg in die Eng. Wenn man mit dem Eng-Bergsteigerbus (siehe Tour 20) angereist ist, kann man von der Hütte über den Kleinen Ahornboden (mit dem Hermann-v.-Barth-Denkmal) und durch das Johannestal hinauswandern ins Rißtal (Haltestelle Hinterriß-Alpenhof, 2 ¼ Std.).

➡ **Zur Steinspitze:** Geübte Berggeher haben die gute Möglichkeit, vom Mahnkopf aus den Übergang zur Steinspitze (auch Steinfalk, 2348 m) in der Falkengruppe anzuhängen. Sie ist der gutmütigste Gipfel der Falken und relativ leicht zu ersteigen: Nach der Senke (Falkenstand, siehe links) nördlich des Mahnkopfs dem markierten Pfad in Nordostrichtung nach bis zu den Felsen. Der folgende Grat wird westseitig auf einem Steiglein umgangen. Man überschreitet die Arzklamm, steigt etwas ab und nach Überschreiten einer Rippe durch eine gut gestufte Felsrinne wieder aufwärts in eine Gratscharte. An den Gipfelaufbau und rechts ausweichen zum höchsten Punkt (grandiose Rundumsicht; durchgehend markiert, + 1 ½ Std. vom Mahnkopf. Absolute Trittsicherheit und Schwindelfreiheit erforderlich). Abstieg ausschließlich auf der Anstiegsroute.

Über den Goetheweg

Hoch über Innsbrucks Dächern

Der Goetheweg stellt eine herrliche Promenade oberhalb Innsbrucks dar; hier im Gleirschjöchl

Die Wanderung im Überblick: Bergstation Hafelekar – Hafelekarspitze – Gleirschjöchl – Mühlkarlscharte – Mandlscharte – Arzler Scharte – Arzler Reise – Arzler Alm – Hungerburg

leicht
8 km
3 ¾ Std.
250 Hm
250 Hm
ab 10

Talort: Innsbruck

Ausgangs-/Endpunkt: Bergstation Hafelekar (2269 m) der Nordketten-Seilbahn (Talstation bei der Hungerburg, 868 m)

Höhenunterschied: ca. 250 m

Höchster Punkt: 2334 m

Gehzeit: 3 ¾ Std.

Tourencharakter: einige mit Drahtseil gesicherte Passagen

Einkehrmöglichkeit: Arzler Alm (1067 m), privat, Tel. +43 664 655 33 95

Karte 1:50.000: Kompass Blatt 26, Karwendelgebirge

Auskunft: Innsbrucker Nordkettenbahn, Tel. +43 512 293 344

■ Ein altbekannter, beliebter, aussichtsreicher Höhenweg, dessen Begehung zuletzt noch mit einer »Abfahrt« im Geröll der Arzler Rinne gekrönt wird, ist der Goetheweg. Vor Jahren wollte man ihn in »Hermann-Buhl-Weg« umtaufen, doch konnte sich dieser Name nie durchsetzen. Sowieso passt jener des Dichterfürsten viel besser als der des wagemutigen, berühmten Bergsteigers, den man eher selten auf solchen Promenaden sah. Doch für Bergwanderfreunde ist sie paradiesisch: linksseitig die herbschönen Karwendelwelten, rechts in der Tiefe das Inntal und darüber Berge, so weit das Auge reicht, unter denen die Zillertaler Hochgipfel schier unbezwingbare Sehnsüchte wachrufen können. Zuletzt die Arzler Rinne, über die man vorsichtig auf den Bergschuhsohlen »abfahren« kann; vorsichtig deshalb, weil auch in diesen Geröllströmen Schuttfluren, sprich kleine Pflanzen wachsen. Am besten behält man die gut kenntliche »Haupttrasse« ein.

Anfahrt: zur Hungerburg mit der neuen Hungerburgbahn, die beim Innsbrucker »Congress« startet – oder mit dem Auto im Innsbrucker Nordteil den Wegweisern »Alpenzoo/Hungerburg« folgen

Hermann Buhl

war ein Innsbrucker Bergsteiger (geb. 1924), der ab 1952 alpenweite Berühmtheit erlangte und von 1953 bis zu seinem Tod 1957 den Ruf innehatte, einer der besten – wenn nicht der beste – Alpinist der Welt zu sein. Die Grubreisentürme, ein Zweigkamm der Südlichen Karwendelkette (die die Innsbrucker »Nordkette« nennen), galten als sein erster Abenteuerspielplatz. Nach Erstdurchsteigungen in den 1940er-Jahren (z. B. »Buhl-Durchschlag« an der Speckkarspitze oder »Gelbe Kante« am Lamsenhüttenturm, beide Karwendel) und Wiederholungen der größten Alpenrouten wurde er für 1953 zur Herrligkoferschen Nanga-Parbat-Expedition eingeladen, während der Buhl in einem legendären Alleingang von Lager V (6950 m) aus den Gipfel des 8125 m hohen Himalayariesen als erster Mensch erreichte.
1957 gelang ihm mit seinen Partnern Marcus Schmuck, Fritz Wintersteller und Kurt Diemberger die Erstbesteigung des Broad Peak (8047 m) im Karakorum. Buhl war damit der erste Europäer bzw. der erste »Westler«, der zwei 8000er ersterstiegen hatte. Im Verlauf der gleichen Expedition stürzte Hermann Buhl am Siebentausender Chogolisa durch Wechtenabbruch tödlich ab. Er blieb verschollen.

Wegverlauf: ab Bergstation Hafelekar eventuell den kurzen Abstecher zur Hafelekarspitze (2334 m) unternehmen – interessanter Blick auf die Grubreisentürme, Hermann Buhls erstem Kletterrevier –, dann auf gut ausgebautem, aussichtsreichem, markiertem Steig hoch über Innsbruck in stets östlicher Richtung. Kurzer Abstieg ins Gleirschjöchl. Die Gleirschspitze wird südlich umgangen und bald darauf nach kurzem, steilem Anstieg (Serpentinen) die Mühlkarlscharte erreicht. Jenseits quert der Steig felsiges Gelände und zieht sich dann fast eben in nördlicher Richtung am Westhang der Mandlspitze entlang (etwas abseits vom Weg rechts oben Biwakschachtel). Bald wieder ostwärts und mit einigen steilen Kehren über Schutt zur Mandlscharte (2279 m, knapp 2 Std.). Nun auf einem Steiglein rechts (südl.) ab gegen die grüne Senke der Arzler Scharte (2158 m). Südseitig hinunter und über das Geröll der Arzler Rinne abwärts bis zum Abzweig (nach Westen) zur Arzler Alm bzw. zur Hungerburg, wo sich der Kreis schließt.

Der Goetheweg ist – wenn man mit der Nordkettenbahn hochfährt – eine bequeme Bergwandertour. Er führt beidseitig entlang dem Nordkettenkamm.

Auf den Großen Solstein

Ein Großer, der ein Kleiner ist

Das Solsteinhaus steht an der Normalroute zum Großen Solstein.

Die Wanderung im Überblick: Hochzirl – Garbersalm – Solnalm – Solsteinhaus – Großer Solstein und zurück bzw. Großer Solstein – Kleiner Solstein – Wörgltal – Neue Magdeburger Hütte – Hochzirl

- leicht
- 10 km
- 8 ½ Std.
- ↑ 1619 Hm
- ↓ 1619 Hm
- ab 14

Talort, Ausgangs-/Endpunkt: Hochzirl (922 m)

Höhenunterschied: 1619 m

Höchster Punkt: 2541 m

Gehzeit: 8 – 8 ½ Std.

Tourencharakter: keine Schwierigkeiten, Ausdauer nötig

Einkehrmöglichkeiten: Solsteinhaus (1806 m), OeAV-Sektion Zweig Innsbruck, bew. Anf. Juni bis Mitte Okt., 78 Schlafplätze, Tel. +43 5232 815 57

Karte 1 : 50.000: Kompass Blatt 26, Karwendelgebirge

Auskunft: Tourismusinformation Zirl, Tel. +43 5238 522 35

■ Der Große Solstein (2540 m) in der Inntalkette des Karwendels ist zwar imposant, aber der Kleine Solstein (2637 m) mit seinem viel markanteren Profil ist fast 100 Meter höher und weist somit den höchsten Gipfel der gesamten Inntalkette auf. Doch der Große darf als reiner Wandergipfel durchgehen, während der Kleine etwas anspruchsvoller ist. Wer genügend Kondition mitbringt, kann den Kleinen ja noch »dranhängen«, vom Sattel zwischen Kleinem und Großem Solstein südwestlich ins Wörgltal absteigen und über die Neue Magdeburger Hütte nach Hochzirl zurückkehren. Die Nordwände der Solsteine bieten einsamstes Kletterterrain. Besonders der Nordpfeiler des Großen Solsteins mit seinen 900 Metern Wandhöhe hat es in sich (1945 Erstbegehung). Sogar der famose Mathias Rebitsch konnte sich hier verewigen: mit dem geraden Nordpfeiler des Kleinen Solsteins. Hier findet man Abenteuerrouten zuhauf.

➡ **Anfahrt:** vom allerletzten bzw. -ersten Stück der Zirler-Berg-Straße, südöstlich der Ruine Fragenstein, Wegweiser nach Hochzirl, wo man beim Bahnhof nördlich des Bahnkörpers parken kann; die Tour eignet sich ideal mit der Bahn.

➡ **Wegverlauf:** vom Bahnhof Hochzirl den Wegweisern und dem AV-Weg Nr. 213 folgend durch lichten Wald aufwärts zum Ende

des Sträßchen, das von Hochzirl herüberkommt. Weiter im Wald zur Forststraße, die man bei einer Kehre wieder verlässt und zur Garbersalm (1497 m) hinaufgeht (Naturlehrpfad). Wieder ein Stück auf der Straße, an der Materialseilbahn des Solsteinhauses vorbei und nun endgültig auf Bergsteigen über die Solnalm (1644 m) und einen Graben zu den Serpentinen, die östlich zum Solsteinhaus auf dem Erlsattel hinaufführen (insgesamt ziemlich steil, 2½ – 3 Std.).

Kurz in nördlicher Richtung zur Erlalm und östlich zur Wegtafel (ab hier führt der teils gesicherte »Zirler Schützensteig« in südlicher Richtung zur Neuen Magdeburger Hütte). Steil über den latschenbewachsenen Hang empor auf den Westrücken des Großen Solsteins und in Kehren durch Latschengassen weiter. Über Grashänge, später über Geröll südlich des Grates auf den geräumigen Gipfel (2¼ Std.). Abstieg auf der Anstiegsroute. Der Übergang vom Großen zum Kleinen Solstein dauert 1 Std. und weist eine ausgesetzte, mit Drahtseil gesicherte Passage auf. Der Abstieg vom Sattel zwischen beiden Solsteinen südwestlich durchs Wörgltal zur Neuen Magdeburger Hütte ist leicht und dauert gut 1½ Std. (nach Hochzirl weitere 1½ Std.).

Der Große Solstein ist leicht zu bezwingen.

Noch nicht am Ziel.
Und doch schon angekommen.
SÜDTIROL
bewegt
www.suedtirol.info

Zur Erlspitze

Überraschung vor dem Gipfel

Blick von der Erlspitze auf den obersten Teil der Gipfelstürmernadel

- mittel
- 9 km
- 8 Std.
- 1485 Hm
- 1485 Hm
- ab 14

Die Wanderung im Überblick: Hochzirl – Garbersalm – Solnalm – Solsteinhaus – Erlspitze – Hochzirl

Talort, Ausgangs-/Endpunkt: Hochzirl

Höhenunterschied: 1485 m

Höchster Punkt: 2405 m

Gehzeit: 8 Std.

Tourencharakter: nur wenige felsige, teilweise gesicherte Stellen; Schwindelfreiheit und Kondition nötig; bei Alt-/Neuschnee oder Vereisung verzichten!

Einkehrmöglichkeiten: siehe Tour 22

Karte 1:50.000: Kompass Blatt 26, Karwendelgebirge

Auskunft: Tourismusinformation Zirl, Tel. +43 5238 522 35

■ Die Erlspitze gehört nicht mehr zur Inntalkette, sondern sie ist Kulminationspunkt einer eigenen kleinen Gruppe, eben der Erlspitzgruppe. Diese kleine Karwendelgruppe ist vielleicht der romantischste Anteil des urwelthaften Gebirges. Nirgendwo zeigt es sich so verspielt: Eine Reihe von Türmchen, von teils fantastisch geformten Nadeln und senkrecht geschichteten Plattentafeln schaffen eine märchenhafte Bergwelt. Andererseits zeugen die kühnen Felsgebilde vom raschen Verfall einzelner Schichten. Der brüchige und verhältnismäßig schnell verwitternde Hauptdolomit ist der Gesteinsbildner in der Erlspitzgruppe. Die Nadeln sind meist nur auf schwierigen Kletterführen zugänglich. Sie bilden ein El Dorado für gute Felsgeher, die oft mehrere Türme an einem Tag bewältigen. Manche der Türme wurden nach berühmten Kletterern – ihren Erstbesteigern – benannt (Rainerturm, Auckenthalerturm). Die außerordentlich schlank aufstrebende Freiungnadel erkletterte Heinrich Klier 1946 erstmals. Hermann Buhl tummelte sich immer wieder an diesen Nadeln, holte sich gar eine Neutour an der Gipfelstürmernadel. Gerne wird auch die beliebte Frühjahrsskitour auf die Eppzirler Scharte mit einer dieser anspruchsvollen, jedoch kurzen Kletterfahrten verbunden. Schwierige Felstouren bietet die Freiungszahn-Nordwand und die Nordwand der Kuhljochspitze.

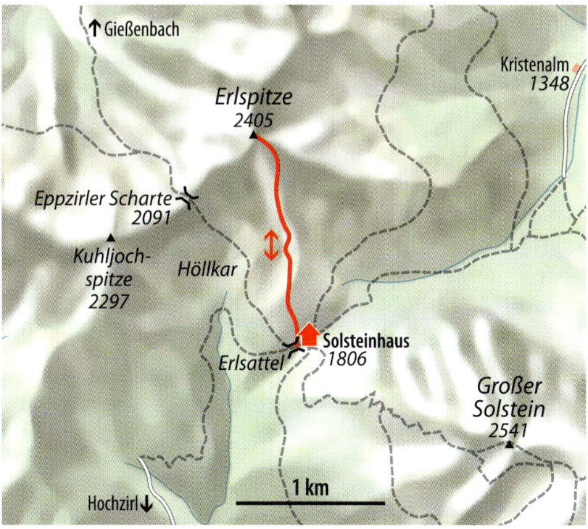

Liebhaber gesicherter Steige wissen um den »Freiungen-Höhenweg«, der sich von der Nördlinger Hütte zum Solsteinhaus herüberzieht, und vom relativ neuen »Zirler Klettersteig« von der Eppzirler Scharte zur Erlspitze. Für Bergwanderfreunde bleibt die Normalroute am Südhang und die ist alles andere als langweilig, auch etwas anspruchsvoller als der Weg zum Großen Solstein.

➡ **Anfahrt:** siehe Tour 22

➡ **Wegverlauf:** zum Solsteinhaus wie bei Tour 22. Nun in Nordrichtung über die Wiesen und durch Latschen empor zum Südhang der Erlspitze. In Serpentinen am grasbewachsenen Hang hinauf. Der Pfad wird felsig. Eine Steilstufe ist mit Drahtseilen gesichert. Gegen den Gipfel zu verläuft der Steig wieder am steilen Grashang. Erst ganz zuletzt wird es erneut felsig. Über Felsen aufwärts zum Kreuz. Kurz unterhalb öffnet sich rechts die Schau auf die kühn aufragende, wilde Gipfelstürmernadel – 1919 erstmals erklettert und benannt nach den »Gipfelstürmern«, einem traditionsreichen Innsbrucker Kletterklub. Abstieg auf der Anstiegsroute.

➡ **Zirler Klettersteig:** An der Südwestseite der Erlspitze verläuft seit etlichen Jahren der »Zirler Klettersteig«, der zwar etwas schwieriger als die beschriebene Normalroute, jedoch noch keine richtige »Via ferrata« ist. Bergautor Paul Werner charakterisiert diese Route in der ihm eigenen blumigen Sprache: »An der Westseite bäumen sich die vor Urzeiten wie Blätterteig zusammengepressten Gesteinsschichten senkrecht empor – ein steinernes Lehrbuch der Geologie. Durch dieses Chaos von Rinnen und Rippchen, Türmchen und Gratzacken, schottrigen Bändern und grasigen Schrofen zieht der nur stellenweise gesicherte, oft recht bröselige Steig listig, mitunter etwas verwegen und luftig seinen markierten Weg zum Gipfel.«

Vom Solsteinhaus auf dem Freiungen-Höhenweg (siehe auch Tour 24) westlich bis zur Wegabzweigung. Nordwestwärts ins steile Kar und mit Kehren hinauf in die Eppzirler Scharte (2093 m, knapp 1 Std.). Nach rechts an die Nordseite, um ein paar Türme und in eine Scharte. Nun an der Südseite zu einer Rinne, darin und an den begrenzenden Felsen ziemlich steil (Sicherungen) hoch in die Erlscharte. An der Nordseite felsig durch eine Felsrinne und über steile Felsen

Kleiner Solstein von der Erlspitze aus

empor. Weiter auf einem Steig mit kurzen, gesicherten Stellen zum Grat und zum Gipfel (+ 1 Std.). Abstieg über die Normalroute.

24

Von der Reither zur Seefelder Spitze

Kleine Rundtour am Karwendel-Westrand

Der Gipfel der Seefelder Spitze bietet einen traumhaften Ausblick.

Die Wanderung im Überblick: Bergstation Härmelekopf – Nördlinger Hütte – Reither Spitze – Reither Joch – Seefelder Spitze – Seefelder Joch – Seefeld

mittel
5 km
3 Std.
470 Hm
450 Hm
ab 12

Talort: Seefeld

Ausgangs-/Endpunkt: Talstation der Standseilbahn zur Roßhütte an der Bundesstraße am östl. Ortsrand

Höhenunterschied: 470 m

Höchster Punkt: 2374 m

Gehzeit: knapp 3 Std.

Tourencharakter: wenig anstrengende, eher kurze Rundtour, die jedoch Trittsicherheit und Schwindelfreiheit verlangt

Einkehrmöglichkeiten: Nördlinger Hütte (2239 m), DAV-Sektion Nördlingen, bew. Anf. Juni bis Mitte Okt., Tel. +43 664 163 38 61

Karte 1:50.000: Kompass Blatt 26, Karwendelgebirge

Auskunft: Informationsbüro Seefeld, Tel. +43 508 800

■ Reither und Seefelder Spitze hoch oberhalb ihrer namengebenden Orte sind beachtliche und achtenswerte Gipfel, doch nimmt ihnen die Seilbahn-Zufahrt bis unter den Härmelekopf die Schärfe, degradiert sie sozusagen zur Halbtagestour. Dafür ist die kleine Rundwanderung familienfreundlich und nicht nur kurz, sondern auch kurzweilig. Und die Reither Spitze gilt schon von jeher als großartiger Aussichtsberg.

Anfahrt: mit dem Auto von Norden über Mittenwald und Scharnitz, von Süden über Zirl oder Telfs/Leutasch (Bergstraßen); Bahn: Seefeld ist Bahnstation

Wegverlauf: von der Roßhütte-Standseilbahn-Talstation mit dem Schrägaufzug zur Roßhütte. Von dort per Seilbahn zur Bergstation am Härmelekopf (2034 m). Über den »Kuntersteig« (Höhenweg) zur Nördlinger Hütte (¾ Std.) und von dort mit kurzem Aufstieg über den Südhang (Steiganlage) zur Reither Spitze (+ 25 Min.). An der Nordwestflanke auf gutem, teilweise mit Drahtseilen und Leitern gesicherten Steig hinunter ins Reither Joch (2197 m). Nun in Nordostrichtung auf zunächst schmalem Geröllsteig im Reither Kar abwärts und dem bequemen Bergpfad, der sich unterhalb des zerscharteten Verbindungsgrats zwischen Reither und Seefelder Spitze

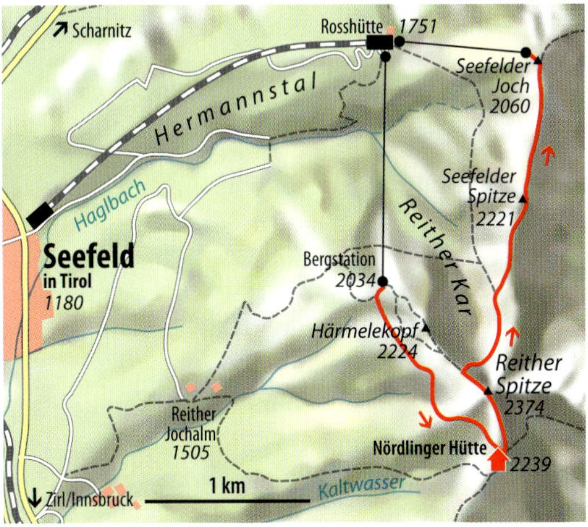

Arnspitzstock (links) und ein Teil der Nördlichen Karwendelkette von der Reither Spitze

entlangzieht, in nördlicher Richtung folgen. Bei der Wegverzweigung rechts ab und teilweise in Kehren am stark erodierten Südwesthang (gesicherte Stellen) auf die Seefelder Spitze (2221 m, + 1¼ Std.). Nordostwärts über einen Felsensattel auf den Vorgipfel. Von dort in Nordrichtung auf stellenweise gesichertem Steig über den Kamm zum Seefelder Joch (2060 m) mit der Seilbahn-Bergstation. Per Seil- und Standseilbahn wieder zur Talstation in Seefeld zurück.

➡ **Freiungen-Höhenweg:** Diese beliebte Wegverbindung von der Nördlinger Hütte zum Solsteinhaus ist kein Klettersteig, sondern eine stellenweise gesicherte Höhenroute, insgesamt etwas anspruchsvoller als der Zirler Klettersteig (Tour 23). Wie dort benötigen routinierte Berggeher kein Klettersteigset. Kombiniert man die Möglichkeiten der Touren 22, 23 und 24, ergeben sich Ziele für vier Tourentage. Für Liebhaber anspruchsvoller Höhenwege sei folgende Kombination (ebenfalls vier Tage) angedeutet: Freiungen-

Höhenweg von der Nördlinger Hütte zum Solsteinhaus; Gipfelstürmerweg vom Solsteinhaus zum Berghotel Seegrube; Goetheweg und Wilde-Bande-Steig von der Seegrube über die Pfeishütte zum Hallerangerhaus. Rückweg durchs Hinterautal nach Scharnitz zur Bahn. Eine Höhenroute der Superlative! Doch ist allein schon der Freiungen-Höhenweg eine Wucht: Von der Nördlinger Hütte kurzer Abstieg nordöstlich in das unterhalb der Ostflanke der Reither Spitze gelegene Kar. In weitem Bogen zum Ursprungsattel (2096 m). Die folgenden Felstürme umgeht man südseitig, dann führt der Steig nach rechts über Geröll und einen Rücken auf die Südseite der Freiungspitzen. Knapp unterhalb der Grathöhe leiten nun die Sicherungen in östlicher Richtung zur Kuhljochscharte (2171 m, 2 ½ Std.). Von hier kann man in ½ Std. den Markierungen folgend – eine Passage ist mit Drahtseil gesichert – die Kuhljochspitze, 2297 m, erreichen. Man quert nun die Südhänge der Kuhljochspitze und erreicht nach kurzem Ab- und Wiederaufstieg die Höhe des Kreuzjöchls (ca. 2130 m). Jetzt in Serpentinen abwärts und mehrere wilde Gräben querend (an ausgesetzten bzw. abschüssigen Stellen Drahtseile) zu dem von der Eppzirler Scharte herunterfließenden Geröllstrom und hinab in den Geröllkessel unterhalb der Erlspitze. Weiter in südöstlicher Richtung in kurzer Zeit zum Solsteinhaus (+ 1 ½ Std.). Trittsicherheit und Schwindelfreiheit erforderlich.

Die Nördlinger Hütte ist Stützpunkt für den Freiungen-Höhenweg.

Empor zur Pleisenspitze

Westlicher Eckpfeiler des Karwendel-Hauptkamms

Die Pleisenspitze, der westliche Eckpfeiler des Karwendel-Hauptkamms, von der Brunnsteinspitze (Nördliche Karwendelkette) aus gesehen

Die Wanderung im Überblick: Scharnitz – Pleisenhütte – Vorderkar – Hinterer Pleisengrat – Pleisenspitze – Scharnitz

- leicht
- 17 km
- 7 ¾ Std.
- ↑ 1605 Hm
- ↓ 1605 Hm
- ab 12

Talort, Ausgangs-/Endpunkt: Scharnitz

Höhenunterschied: 1605 m

Höchster Punkt: 2569 m

Gehzeit: 7 ¾ Std.

Tourencharakter: keine Schwierigkeiten; lediglich bei Nebel könnte es Orientierungsprobleme geben

Einkehrmöglichkeiten: Pleisenhütte (1757 m), privat, bew. von Pfingsten bis Mitte Okt. durchgehend, im Winter normalerweise an den Wochenenden, knapp 40 Schlafplätze, Tel. +43 664 915 87 92

Karte 1:50.000: Kompass Blatt 26, Karwendelgebirge

Auskunft: Informationsbüro Scharnitz, Tel. +43 508 80 40

■ Gäbe es die Hütte nicht, wäre die Besteigung der Pleisenspitze, des Hohen Gleirsch oder anderer Karwendelriesen ohne Stützpunkt ein sich über Stunden hinziehender mühsamer Weg. Doch mit Übernachtung gestaltet sich der Gang auf den westlichen Eckpfeiler des Karwendel-Hauptkamms erträglich. Diese Tatsache verdanken die Bergsteiger Toni Gaugg, dem legendären Pleisentoni, der an der Schwelle zum Vorderkar in den frühen 1950er-Jahren seine eigene Hütte baute.

Anfahrt: mit dem Auto über Garmisch (A 95) und Mittenwald, aus dem Inntal entweder über den Zirler Berg oder von Telfs über Leutasch; in Scharnitz hinter der Kirche dem Wegweiser »Karwendeltäler« folgen und auf der Hinterautalstraße bis zum Parkplatz und Fahrverbot; Bahn: Scharnitz ist Bahnstation

Wegverlauf: entlang der Isar ca. 1,5 Kilometer gegen das Hinterautal, bis man am Wegweiser »Pleisenhütte« nach links abzweigt und einem Forstweg bis in etwa 1400 m Höhe folgt. Links ab und steil am Bergweg durch eine Schneise hinauf. Zuletzt leitet der Weg nach rechts in immer freier und schöner werdendem Gelände zur gastlichen Hütte (2 ¾ Std.). Von dort auf einem Steiglein in nordöstlicher Richtung durch Latschen, das Vorderkar querend (der Abzweig nahe der Vorderkarhöhle zum Karwendelhaus bleibt unbeachtet) und gegen den Hinteren Pleisengrat. Immer dem breiten Gratrücken folgend problemlos auf den Gipfel (+ 2 Std.). Der Abstieg erfolgt auf der Anstiegsroute.

Toni-Gaugg-Weg von der Pleisenshütte zum Karwendelhaus: Dieser Übergang ist – nur für sehr geübte Berggänger – die Karwendeltour der Superlative. Auf keinem anderen Weg lernt man die einsame Großartigkeit, Wildheit und Öde des Hauptkammes besser kennen. Die Route zu realisieren war einer der Lebensträume des Bergführers und Hüttenwirts Toni Gaugg, der damit quasi unsterblich wurde. – Wie auf Seite 99 beschrieben ins Vorderkar. Dort rechts abzweigen zum Vorderkargraben und über ein Schuttband und durch Latschen. Dann steiler empor zu einem Steinmann. Dort rechts zu einem Jagdsteig. Über den Hinteren Pleisengrat ins Mitterkar. Man gelangt an den Fuß des Larchetkarspitze-Südgrats und auf kleinem Steig in die sog. Kuchl. Nun folgt man einem Gamswechsel zu einem begrünten Rücken. Auf ihm abwärts zum Steinmann. Links auf einem Steig in ein Fels- und Geröllband hinunter, danach auf Gamswechsel über Schutt zu den letzten Latschen im Hinterkar. Über einen steilen Grashang zum Fuß der Großen Riedlkarspitze. Rechts haltend im Hinterkar auf die Breitgrieskarspitze zu und auf den Kamm, der das Hinterkar nördlich begrenzt. Nun einem kleinen Steig folgend an die

Pleisenspitze (links der Bildmitte) vom Gipfel der Erlspitze; nach rechts zur Bildmitte hin der südseitige Bereich des Toni-Gaugg-Wegs

Der Pleisentoni

Toni Gaugg, Jahrgang 1920, war ein Bergführer-Original und ein gefragter Führer dazu. 1953 begann er eigenhändig seine Blockhütte zu bauen. In russischer Kriegsgefangenschaft hatte er das gelernt. Schon zwei Jahre vorher hatte er sich auf die Suche nach einer Quelle für die Wasserversorgung der künftigen Hütte begeben und dabei in der Vorderkarhöhle das Skelett eines Elchkalbs, das in Scharnitz ausgestellt ist, gefunden. Bereits 1954 war die Hütte fertiggestellt. Um den Pleisentoni ranken sich unzählige Geschichten. Er war hochdekorierter Bergrettungsmann und er liebte sein Karwendel wie kaum ein anderer. Sogar ein eigenes »Karwendellied« hat er komponiert. Außerdem glänzte er als Redner. Der Verfasser hat Toni Gaugg Ende der 1960er-Jahre kennen gelernt, war wegen der urigen Atmosphäre und der Herzlichkeit des Wirts oft Gast auf der Pleisenhütte. Toni war liebenswert, humorvoll, aber doch bestimmt. Er hat auch die Wegverbindung von seiner Hütte zum Brendelsteig (führt von der Westlichen Ödkarspitze zum Karwendelhaus) erdacht, die heute eine beliebte, lange, für gute Bergsteiger aber nicht sehr schwere Route über und an einsamem Terrain des Karwendel-Hauptkamms ist (Toni-Gaugg-Weg). Er ist Tonis Vermächtnis an die Heimat. Der Pleisentoni starb am 1. Februar 2007. Er wurde neben seiner Hütte bei der Kapelle begraben und der »Anton-Gaugg-Eisschacht« in der Gipfelregion der Pleisenspitze nach ihm benannt. Die Hütte wird von seinem Sohn Sigi im Sinne Tonis weitergeführt.

Westflanke der Breitgrieskarspitze. Über Felsen aufwärts zu einen Schuttband, über das man nach rechts zum Südgrat der Breitgrieskarspitze gelangt. Etwas nach rechts, dann an einem Grasfelsrücken abwärts. An seinem Ende nach links (Steigspuren) und unter die Gipfelabbrüche der Breitgrieskarspitze. Ein Schuttrücken leitet zur Breitgrieskarscharte hinab (Biwakschachtel). In Ostrichtung aufwärts, dann an der Südseite ein Geröllfeld queren zur Seekarscharte. Jetzt nordwestlich abwärts (bis in den Sommer hinein Altschnee) in den oberen Boden des Seekars und östlich ins Marxenkar hinab. Man quert es an der Latschengrenze in Ostrichtung zum Marxenkar und Schlauchkar trennenden Rücken. Links und über Felsstufen zum markierten Brendelsteig, dem man bis zum Karwendelhaus folgt.

Ca. 8 Stunden, teils markiert und Sicherungen, teils Steinmanndl, teils nur Wegspuren. Guter Orientierungssinn, absolute Trittsicherheit und beste Wetterverhältnisse sind gefragt. Die Tour für versierte Bergsteiger!

Wildsee und Wildseeloder

Postkartenmotiv aus den Kitzbüheler Alpen

Wildsee, Wildseeloderhaus und Loferer Steinberge von der Seenieder

Die Wanderung im Überblick: Fieberbrunn-Lindau – Lärchfilzkogel – Wildalm – Wildseeloderhaus – Seenieder – Wildseeloder – »Törl« – Wildseeloderhaus und zurück

- mittel
- 6 ½ km
- 3 ½ Std.
- 635 Hm
- 635 Hm
- ab 10

Talort: Fieberbrunn

Ausgang-/Endpunkt: Fieberbrunn-Lindau (831 m), Talstation der Bergbahnen Fieberbrunn

Höhenunterschied: 635 m

Höchster Punkt: 2117 m

Gehzeit: 3 ½ Std.

Tourencharakter: kurze, doch absolute Trittsicherheit verlangende Bergtour; schmale, etwas exponierte Steige

Einkehrmöglichkeit: Wildseeloderhaus (1854 m), Tel. +43 664 325 45 83

Karte 1 : 25.000: AV-Karte Nr. 34/1

Auskunft: Tourismusbüro Fieberbrunn, Tel. +43 5354 563 04

■ Mit dieser Tour begeben wir uns auf den Weg zum berühmtesten »Bild« aus den Kitzbüheler Alpen, Wildsee und Wildseeloderhaus bilden allerdings nur den Rahmen dafür. Flankiert von grünen Hängen sind im Hintergrund die kalkhellen Felshörner der Loferer Steinberge zu sehen. Genau diese Ansicht, die von den Kitzbüheler Alpen eigentlich wenig zeigt, ist ein berühmtes Motiv geworden. Weniger der Große Retten- oder der Geißstein, der Große Galtenberg oder einer der Berge um die Neue Bamberger Hütte. Wie dem auch sei: Die im Folgenden beschriebene Wildseelodertour ist verhältnismäßig wenig anstrengend und überaus lohnend.

➡ **Anfahrt:** Mit dem Auto entweder von St. Johann/T. oder von Saalfelden über Leogang und den Grießenpass; Bahn: Fieberbrunn ist Station der Strecke Wörgl–Zell am See.

➡ **Wegverlauf:** mit der Kabinenbahn (2 Sektionen) zur Bergstation am Lärchfilzkogel (1654 m). Westlich unterhalb entlang und auf einem Almweg abwärts. Vor der Wildalm (1579 m), bei der Talstation der Materialseilbahn, links ab. Es geht in Südrichtung aufwärts und mit langen Querungen am jetzt ziemlich steilen Hang empor. Danach in Kehren hinauf zum Wildseeloderhaus (1 Std.). Von der Schutzhütte am Westufer des Wildsees entlang und von seinem Ende teils durch Latschen empor in die Seenieder (1949 m) zwischen Wildseeloder und Henne (2078 m). Nun nördlich unterhalb des Kammes erst über Geröll, später auf gutem Steig östlich der Grathöhe empor zum Wildseelodergipfel (+ 1¼ Std.).

Vom höchsten Punkt ganz kurz auf der Anstiegsroute zurück, dann den Markierungen folgend scharf links (nördlich) ab und unterhalb des Gipfelaufschwungs auf schmalem Steig zum Ostkamm. Dort problemlos abwärts ins »Törl«. Jetzt steil und sandig (stellenweise Sicherungen) südöstlich hinunter und über einen steilen Grashang in Kehren auf gerölligem Steig abwärts (Vorsicht: keine Steine auslösen; Gefahr für weiter unten Gehende!) zum Wildsee. Zurück zur Hütte und zur Bergstation.

➡ **Henne-Klettersteig:** Wer sich an leichten, gesicherten Steigen zu bewegen versteht, könnte als »Einstieg« in die Wildseelodertour den 2003 erbauten »Henne-Klettersteig« begehen. Er weist zwar eine schwere Variante auf, aber die kann ja ignoriert werden: Wie beim Weg zum Wildseeloderhaus bis vor die Wildalm und dem Schild »Klettersteig« nach links (ostsüdöstl.) folgen, leicht fallend hinunter zu einem Sessellift (nur Winterbetrieb). Mit Serpentinen erst steil, später flach im Bogen über Wiesen zur Sessellift-Bergstation Reckmoos und nach rechts (W) auf den Westgrat der Henne. Steil zu einem ersten Felsaufschwung, über den ein Drahtseil und Klammern emporführen. Danach folgt ein ungesicherter, etwas luftiger, jedoch leichter Grat, der kaum aus den Latschen herausragt. Nach einer kurzen, gesicherten Abstiegsstelle geht man der schwarzen Markierung nach (wenn man der roten folgt, lässt man das Klettersteig-Kernstück aus) in einer gut gesicherten Einbuchtung empor (oben Steigbuch). Nach kurzer Rechtsquerung in leichtes Gelände und zu einem sehr steilen, jedoch bestens gesicherten Grataufschwung. Über ihn hinauf und danach problemlos zum Gipfelgrat der Henne. Im Rechts-Links-Bogen zum Kreuz (2 ¾ Std.).

Auf der nordseitigen Normalroute abwärts. Nach der langen, schräg abfallenden Linksquerung gelangt man zum Abzweig, der in die Seenieder führt. Damit hat man Anschluss an den Wildseeloder-Aufstieg. Ausrüstung: Zur normalen Bergwanderausrüstung ist ein Klettersteigset anzuraten.

Der »Henne-Klettersteig« ist auch für berggewohnte Kinder geeignet.

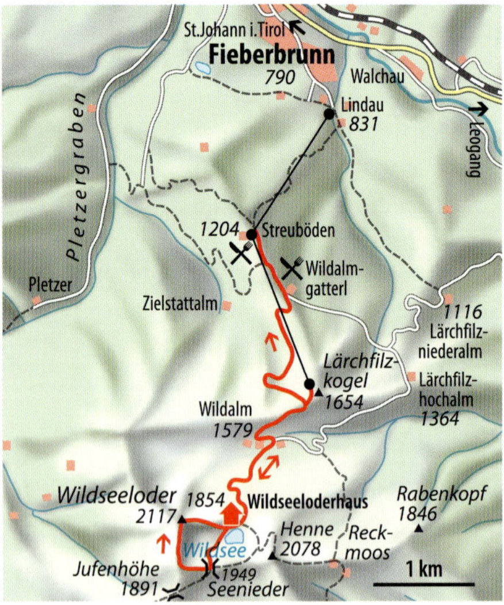

Am ersten Aufschwung des Henne-Klettersteigs

Auf den Gebra Ranken

Wenig bekannter Kitzbüheler Gipfel

Typische Kitzbüheler Bergwelt, mit dem Gipfel des Gebra Ranken

Die Wanderung im Überblick: Oberaurach – Wildalm – Hochwildalmhütte – Gebra-Westschulter – Gebra Ranken – Oberaurach

Talort: Unteraurach südöstlich von Kitzbühel

Ausgangs-/Endpunkt: Parkplatz am Beginn des Auracher Grabens

Höhenunterschied: 1012 m

Höchster Punkt: 2057 m

Gehzeit: gut 5 ½ Std.

Tourencharakter: problemlose, familiengeeignete Bergwandertour

Einkehr: Hochwildalmhütte (1557 m), TVN, bew. Anf. Juni bis Ende Okt., 12 Schlafplätze, Tel. +43 664 381 91 79

Karte 1:50.000: AV-Karte Nr. 34/2, Kitzbüheler Alpen Östl. Blatt

Auskunft: Kitzbühel Tourismus, Tel. +43 5356 666 60

- leicht
- 10 km
- 5 ½ Std.
- 1012 Hm (Aufstieg)
- 1012 Hm (Abstieg)
- ab 10

■ Auf manchen Karten heißt er nur Gebra, auf anderen Ranggen oder Ranken. Bisweilen sieht man ihn als Großen Gebra, aber auch mit Doppelnamen Gebra Ranken taucht dieser Kitzbüheler-Alpen-Berg in Kartenwerken auf. Ein aussichtsreicher, einfach ersteigbarer Gipfel deutlich abseits und doch in Nachbarschaft des mit Bahn und Straße erschlossenen Kitzbüheler Horns. Nordseitig unterhalb des Gebra Rankens befand sich einst das Eisenbergwerk Gebra, wie überhaupt diese Gegend samt jener um die heutige Bochumer Hütte Bergbaugebiet war. Die Stadt Kitzbühel verdankte den hier gefundenen und abgebauten Bodenschätzen ihre erste Blüte (siehe Kasten S. 108).

Anfahrt: mit dem Auto von St. Johann/T. nach Kitzbühel und auf der Umgehungsstraße in Richtung Pass Thurn weiter nach Unteraurach; nach Oberaurach und dem Wegweiser »Wildpark« folgen. Dort, wo die Wildpark-Zufahrt nach einer Linkskurve nordwestlich aufwärts leitet (der geteerte Parkplatz im Talgrund ist ebenfalls für Wildparkbesucher eingerichtet), kurz geradeaus weiterfahren bis zu einer größeren, unbefestigten Parkflache (1045 m); Bahn/Bus: nächstgelegene Bahnstation ist Kitzbühel; ab Bahnhof Busverbindung (Strecke Jochberg/Pass Thurn) nach Unteraurach

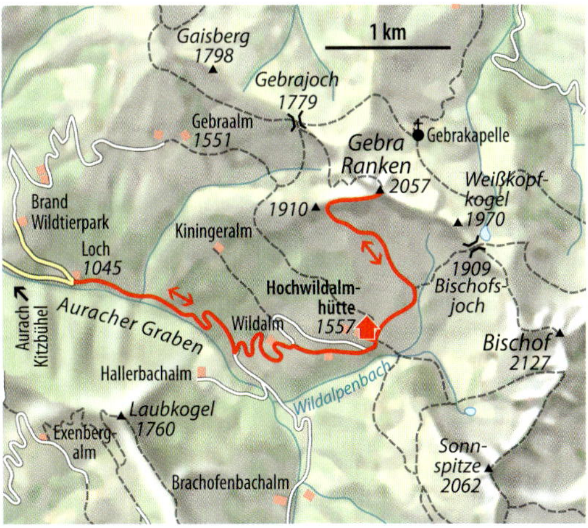

Bergbau-Berge

Bergbau ist ein großes Kapitel in der Geschichte der Kitzbüheler Alpen. Im dem Gebra benachbarten Gebiet der Bochumer Hütte erlangte schon etwa 1200 v. Chr. der Kupferbergbau eine erste Blüte. Die Bergleute kamen möglicherweise vom Mitterberg herüber. Jene an der Südseite des Hochkönigs verborgenen Kupfererzlager waren bereits seit etwa 1800 v. Chr. abgeschürft worden. Auch führte ein Säumerweg vom Mitterberg nach Mittersill, weiter über den Pass Thurn und durch die Kitzbüheler Alpen hinaus bis ins Chiemseegebiet. Gleichwohl im Glemmtal, am Geißstein und am Schattberg gab es in vorgeschichtlicher Zeit Schürfstätten, die illyrische Bergbauspezialisten mit höchster Professionalität betrieben. Vermutlich errichteten die Knappen, damit sie nicht allabendlich ins Tal ab- und jeden Morgen wieder zu ihren Schürfstellen aufsteigen mussten, nahe ihren relativ hochgelegenen sommerlichen Arbeitsstätten einfache Herbergen. Es werden dies die ersten periodischen Höhensiedlungen gewesen sein. Man nimmt an, dass sich die Bergleute auch Nutztiere hielten, was ansatzweise einer frühen Art von Almwirtschaft gleichkäme.
Die zweite große Bergbau-Epoche folgte im 16. Jh., als die Kitzbüheler den Erzreichtum des Rerobichls (=Röhrerbichl) entdeckten. In der Leoganger Gegend wurden dem Berg Kupfer, Silber aber auch Nickel, Kobalt und das schon erwähnte Gebra-Eisen abgerungen, und drüben im Westen sind am Gratlspitz Silber und am Reither Kogel Kupfer gefördert worden. Diese Blütezeit reichte bis ins 17. Jh. hinein. Anfang des 20. Jhs. flackerte der Bergbau bei Jochberg, in Leogang und unterm Gebra zwar noch einmal heftig auf, ehe er nach dem Zweiten Weltkrieg dann doch im Sinn des Wortes museumsreif wurde (Bergbau- und Heimatmuseum Jochberg, A-6373 Jochberg, Tel. +43 5355 5202). Die Bodendecke – Humus, Gras und Wald – eroberte die Abraumhalden zurück, und wo einst die Knappen »im Schweiße ihrer Angesichter« das Erz brachen, weidet wieder das Vieh.

➡ **Wegverlauf:** vom Parkplatz mäßig steil an der Nordseite des Auracher Bachs im Wildalmgraben einwärts. Bei P 1248 (AV-Karte) teilen sich die Almsträßchen. Links abzweigen (Wegweiser) und mit ein paar Schleifen hinauf zur Wildalm (schöner Blick zum Bischof). Man folgt weiter der Almstraße in Ostrichtung und gelangt gemütlich zur Hochwildalmhütte (1¾ Std.). Nun südöstlich über Wiesen aufwärts Richtung Bischofsjoch. Bei Wegverzweigung den Wiesenpfad Richtung Gebra nehmen. Nordwestlich mäßig steil aufwärts, an einigen Lacken vorbei und zuletzt steiler zu einer Hangkante. Weiter in gleicher Richtung empor auf die Westschulter (auch Kleiner Gebra, 1910 m). Nun erst östlich auf dem flachen bis mäßig steilen Grat zu Wegverzweigung. Dem Wegweiser »Gebra« nach wieder steiler an der Nordflanke queren, dann rechts hinauf zum Gipfelkamm. Auf ihm in Ostrichtung zu Gipfelkreuz und -bank (+ 1½ Std.). – Abstieg am schönsten auf der Anstiegsroute. Man kann auch ab Wegverzweigung vor dem Kleinen Gebra nordwestlich ins Gebrajoch absteigen und von dort in Südostrichtung auf einer Almstraße zur Hochwildalmhütte zurückkehren (weniger lohnend).

Blick auf den Bischof vom Gipfel des Gebra Ranken

Gamshag und Teufelssprung

Ziele über dem malerischen Torsee

Aufstieg zum Gipfel des Gamshag

Die Wanderung im Überblick: Gasthaus Hechenmoos – ehem. Kupferpochwerk – Bochumer Hütte – Tor – Torsee – Gamshag – Teufelssprung – Toralm – Tor – Gasthaus Hechenmoos

leicht
11½ km
7 Std.
1350 Hm
1350 Hm
ab 12

Talort, Ausgangs-/Endpunkt: Hechenmoos (826 m) zwischen Unteraurach und Jochberg

Höhenunterschied: 1350 m

Höchster Punkt: 2178 m

Gehzeit: 6–7 Std.

Tourencharakter: schöne, aussichtsreiche Bergwandertour auf Almsträßchen und schmalen, durch steiles Grasgelände führenden Bergsteigen; Trittsicherheit nützlich

Einkehrmöglichkeit: Bochumer Hütte (1430 m), Tel. +43 664 415 0575

Karte 1:50.000: AV-Karte Nr. 34/2, Kitzbüheler Alpen Östl. Blatt

Auskunft: Kitzbühel Tourismus, Tel. +43 5356 666 60

■ Die bekannte Stadtansicht von Kitzbühel ist – sommers wie winters – jene mit einem trutzigen sowie einem filigranen Kirchturm und im Hintergrund für »Kitzbüheler-Alpen-Verhältnisse« mächtigen Bergen: Tristkogel und Gamshag. Früher tummelten sich in dieser Gegend im Sommer ausschließlich Bergwanderfreunde. Nachdem man aber selbst auf den »unschuldigen« Tristkogel einen Klettersteig bauen musste, ist mehr Betrieb ums »Tor«: Man ist angesichts solcher touristischer Fehlentwicklungen sprach-, aber auch hilflos. So bleiben wir halt dem Tristkogel fern und begnügen uns mit den ohnehin schöneren Gipfeln westlich und südwestlich des »Tors«. Die Bochumer Hütte steht noch im Stil eines Knappen-Unterkunftshauses da (siehe auch Tour 27). Ein urgemütliches und dabei historisch interessantes Refugium, von dem aus man auch in die Gegend der Hochwildalmhütte hinüberwechseln könnte.

Anfahrt: mit dem Auto wie bei Tour 27 nach Unteraurach; von dort sind es noch ca. 1,5 km bis Hechenmoos; Bahn/Bus: siehe Tour 27

Wegverlauf: südlich des Gasthauses Hechenmoos dem Wegweiser »Bochumer Hütte« folgend auf asphaltiertem Sträßchen in Ostrichtung zu einer Kapelle. Weiter im Tal des Wieseneggbaches einwärts und dem Fahrweg entlang durch Hochwald zur Ruine des ehem. Kupferpochwerks (bis hierher für Kfz erlaubt; Parkplatz – beschränkt – der Bochumer Hütte). Kurz danach auf Fahrweg links aufwärts und an der Gruberalm vorbei teilweise steil zur

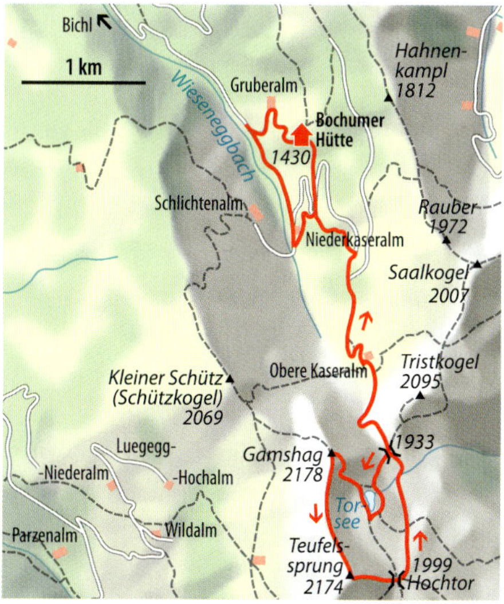

Bochumer Hütte (2 Std., ab Ruine ½ Std.). Jetzt in Südrichtung, bald einen Bachgraben querend, auf Steig durch Wald zu einem Fahrweg, der von der Niederkaseralm heraufkommt. Der Steig führt jenseits in Südostrichtung weiter und kürzt die Almstraße ab. Dann auf ihr hinauf zur Oberkaseralm. Dort beginnt ein guter Bergsteig, der südlich – zuletzt in Kehren – ins »Tor« (1933 m) emporleitet. Nun ein kurzes Stück nach Süden, noch vor der Toralm rechts ab und über eine Geländestufe hinauf zum Nordufer des Torsees. Von dort in Nordwestrichtung auf markiertem Steig über Grashänge zum Gipfel des Gamshags (+ 2 Std.).

Entweder über die Aufstiegsroute zurück oder vom Gamshag südlich auf dem Kamm am Weidezaun entlang zum Teufelssprung (2174 m). Von dort in Südostrichtung hinunter – ein tiefer Spalt wird rechts umgangen – und in einen Sattel (1999 m) vor dem Mittagskogel. Nun entweder nördlich abwärts, an zwei kleinen Lacken vorbei und über die Toralm ins »Tor« zurück. Oder auf dem kleineren, links abzweigenden Steig zum Torsee und von dort zum Anstiegsweg.

Über den Großen und Kleinen Schütz auf den Gamshag: Die Alternativtour für Gipfelsammler! Sie geht auch noch beim ersten Herbstschnee, wenn er nicht zu tief liegt, ggf. mit Steigeisen. Auf AV-Weg Nr. 712 bequem Richtung Tor bis zur Abzweigung (nach rechts abwärts) Richtung Niederkaseralm/Hechenmoos. Zur Alm hinunter und in den Talgrund. Nordwestlich auf Almsträßchen hinauf zur Schlichtenalm. Westlich, dann südlich und wieder in Westrichtung empor zum Nordwestgrat des Großen Schütz. Über den Grat

Sehenswert in Kitzbühel

»Kitz« ist nicht nur Jet-Set-Station und Heimat des berühmten Skiclubs, aus dem Persönlichkeiten wie Toni Sailer, Anderl Molterer oder Hansi Hinterseer hervorgingen, sondern hat auch sehenswerte, stille Winkel und eine Reihe von Kulturschätzen wie etwa die Pfarrkirche St. Andreas mit Hochaltar von Benedikt Faistenberger, daneben die Liebfrauenkirche mit Fresken von Simon Benedikt Faistenberger; im Zentrum die gotische Katharinenkirche mit kleinem Flügelaltar aus dem frühen 16. Jh. und frühgotischer Madonna. Weiterhin das Heimatmuseum (prähistorischer Bergbau, Geschichte des Skilaufs in Kitzbühel, Gemälde von Alfons Walde).

Stadtpfarr- und Liebfrauenkirche zu Kitzbühel mit Gamshag und Tristkogel im Hintergrund

oder rechts von ihm zum Gipfel (2069 m). Nun der Gratlinie folgend in eine Senke und weiter zum Kleinen Schütz (2071 m, 2 ½ Std.; hier ist – wie bei den Solsteinen im Karwendel, siehe Tour 22 – der Kleine höher als der Große, die Masse macht's). Steiler abwärts in die Einsattelung vor dem Gamshag, wo die Route von der Oberkaseralm einmündet. Dem Grat ohne Schwierigkeiten weiter bis zum Gamshag folgen (+ 1 Std.). Als Abstieg wählt man am besten und schönsten die grasigen Südosthänge zum herrlichen Torsee und über das Tor (siehe links). in knapp 2 Stunden bis zur Bochumer Hütte. Aber natürlich kann man auch noch den beschriebenen Übergang zum Teufelssprung anhängen.

Zum Kleinen Rettenstein

Im Schatten des berühmten »Bruders«

Der Große Rettenstein vom Stangerjoch aus gesehen

Die Wanderung im Überblick: Oberlandhütte – Oberer Grund – Kloo-Niederalm – Stadelbergalm – Kesselboden – Kleiner Rettenstein und zurück

Talort: Aschau im Spertental

- mittel
- 12 ½ km
- 6 ½ Std.
- 1204 Hm
- 1204 Hm
- ab 12

Ausgangs-/Endpunkt: Oberlandhütte (1013 m) am Südrand von Aschau

Höhenunterschied: 1204 m (mit Roßgruberkogel knapp 1400 m)

Höchster Punkt: 2216 m

Gehzeit: 6 ½ Std.

Tourencharakter: Trittsicherheit und Schwindelfreiheit unbedingt erforderlich; nicht ratsam bei feuchtem/nassem Boden

Einkehrmöglichkeit: Oberlandhütte, Tel. +43 5357 8115

Karte 1 : 50.000: AV-Karte Nr. 34/2, Kitzbüheler Alpen Östl. Blatt

Auskunft: Tourismusverband Kitzbüheler Alpen-Brixental, Tel. +43 5357 20 00

■ Die meisten, die ins Spertental zum Bergsteigen kommen, zieht es zum Großen Rettenstein (2362 m). Entsprechend viel besucht wird dieser »Grandseigneur der Kitzbüheler Alpen« – ein Kalkhärtling inmitten weicher Schiefer –, obwohl er bei weitem nicht der Höchste ist. Der Kleine Rettenstein (2216 m) wird um vieles weniger beachtet, doch steht er bergsteigerisch dem »Großen« in nichts nach, im Gegenteil. Wer genügend Erfahrung an »Grasbergen« mitbringt, könnte vom Kleinen Rettenstein den Übergang zum Roßgruberkogel wagen. Von dort aus zeigt der »Kleine« erst seine wahre Größe: ein überaus schneidiger Steilgrasberg, an dem man im Rückblick erkennt, wo was geht und wo nicht.

Anfahrt: mit dem Auto entweder über Kitzbühel oder über Hopfgarten und Kirchberg (dorthin ab Inntalautobahn Ausfahrt Wörgl-West und dem Wegweiser »Brixental« folgen); Bahn/Bus: ab Bahnhof Kirchberg Bus nach Aschau

Wegverlauf: von der Oberlandhütte südöstlich in den Oberen Grund. Bei einer kleinen Kapelle (Ww.) links ab, südlich an der Kloo-Niederalm vorbei und durch Wald steil östlich aufwärts zu Weidehängen um die Stadelbergalm (1670 m). Mäßig steil südlich auf den Kamm (Kesselboden). Auf teils felsigem Steiglein empor zum nördlichen Vorgipfel. Nun auf oder nur wenig unterhalb der Gratschneide über eine weitere Erhebung hinweg und steil an leichtem Fels (luftig) empor zum Hauptgipfel des Kleinen Ret-

Kleiner Rettenstein vom Abstieg vom Roßgruberkogel in den Oberen Grund

tensteins mit Kreuz (4 Std.). Wer sich nicht mehr zutrauen möchte, steigt auf der Anstiegsroute wieder ab.

➡ **Übergang zum Roßgruberkogel:** Über den südlichen Vorgipfel hinweg und am steilen Grasgrat gerade abwärts zum Stangerjoch (1976 m) zu gehen, wäre natürlich die bergsteigerisch hochkarätige Draufgabe. Jenseits steil auf dem drei Aufschwünge bildenden Nordostgrat über Gras und Felsen, zuletzt in eine Scharte und mit kurzer Kletterei (I) auf den Gipfel des Roßgruberkogels (2156 m, + 1¾ Std.). Über den oberen Südostgrat hinab auf den südlichen Vorgipfel und über die teilweise steilen Westhänge hinunter ins Stangenjoch

(1713 m) zwischen Großem Rettenstein (westl.) und Roßgruber. Von hier auf AV-Weg Nr. 714 nördlich hinab zur Rettensteinalm (1430 m) und in den Oberen Grund. Talauswärts zur Oberlandhütte (+ 2 ½ Std.).

Zugabe Großer Rettenstein: Wer mehrere Tage in der Oberlandhütte verbringt, für den wird der Große Rettenstein (2366 m) geradewegs zum Muss. Man fährt über die Untere-Grund-Mautstraße bis zum Parkplatz der Hintenbachalm. Von dort dem kleinen Steig östlich über Almwiesen, dann durch Wald hinauf zwischen zwei Bachgräben folgen. Wo das Gelände flacher wird, führt der Steig entlang des Hintenbachs zur Schöntalalm (1601 m, gut 1 ¼ Std.). Jetzt im Almgelände südlich zu den Hütten des Schöntalscherm. Südwestlich auf gutem Steig über einen Sattel und an den Steilhang des Großen Rettensteins, der mit vielen Kehren hinauf zur Rettensteinscharte überwunden wird. Unterhalb der Gipfelwände rechts aufwärts, über ein kleines Wandl (Seilsicherung) und rechts zum Kreuz des Nordgipfels (+gut 2 Std.). Abstieg auf der Anstiegsroute. Im Gipfelbereich absolute Trittsicherheit/Schwindelfreiheit nötig.

Auf dem Gipfel des Großen Rettensteins gegen Venedigergruppe (Hohe Tauern)

Hinauf aufs Brechhorn

Der klassische Weg aus dem Spertental

Blick vom Brechhorn über die Kitzbüheler bzw. Kirchberger Berge hinweg auf Loferer, Leoganger Steinberge und Teile der Berchtesgadener Alpen

- leicht
- 8 ½ km
- 5 ½ Std.
- ↑ 1070 Hm
- ↓ 1070 Hm
- ab 10

Die Wanderung im Überblick: Aschau/Spertental – Ebenaualm – Wirts-Grundalm – Wirts-Mitterleger – Wirts-Hochalm – Brechhorn und zurück bzw. Brechhorn – Brechhornhaus – Alpenrosen-Kabinenbahn-Bergstation – Westendorf

Talort: Aschau im Spertental

Ausgangs-/Endpunkt: Parkplatz südsüdwestl. der Oberlandhütte

Höhenunterschied: 1070 m

Höchster Punkt: 2032 m

Gehzeit: 5 ½ Std.

Tourencharakter: lohnende, leichte Bergwandertour

Einkehrmöglichkeit: Oberlandhütte, Tel. +43 5357 8115; ggf. Brechhornhaus

Karte 1:50.000: AV-Karte Nr. 34/1, Kitzbüheler Alpen Westl. Blatt

Auskunft: Tourismusverband Kitzbüheler Alpen-Brixental, Tel. +43 5357 20 00

■ Der Windauer-Sperten-Kamm der Kitzbüheler Alpen reicht vom Nachtsöllberg (1886 m) über Westendorf im Norden bis zum Gamsbeil (2169 m) über Neukirchen/Oberpinzgau im Süden. Innerhalb dieses langen Kammes ragt westlich von Aschau im Spertental das Brechhorn auf. Es gehört, was seine Gipfelhöhe (2032 m) betrifft, zwar eindeutig zur »zweiten Garnitur« in den Kitzbüheler Alpen, doch besticht es auf Grund seiner markanten Form und der herrlichen Aussicht. Vom Brechhorn gesehen wirkt der Große Rettenstein vielleicht am schönsten, und wer noch nicht auf ihm herumgeklettert ist, kann sich hier den notwendigen Appetit holen.

Anfahrt: mit dem Auto entweder über Kitzbühel oder über Hopfgarten und Kirchberg (dorthin ab Inntalautobahn Ausfahrt Wörgl-West und dem Wegweiser »Brixental« folgen); Bahn/Bus: ab Bahnhof Kirchberg Bus nach Aschau

Wegverlauf: vom Parkplatz über die Untere-Grundache-Brücke zu den Hütten der Ebenaualm und in Südwestrichtung mäßig ansteigend zur Wirts-Grundalm. Von dort westlich über einen Wiesenhang empor in den Wald. Man quert einen Bachgraben, steigt

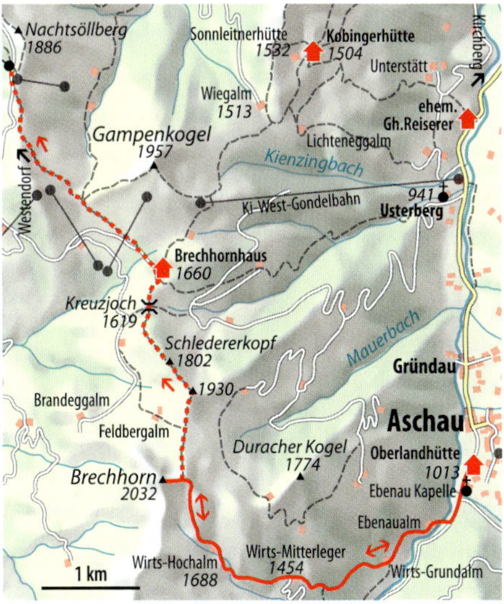

daraufhin kurzzeitig im freien Gelände bergauf und erreicht durch Wald den schön gelegenen Wirts-Mitterleger (1454 m). In Westrichtung ohne nennenswerte Steigung im freien Gelände und durch Wald weiter, dann – nach Bachquerung – nordwestlich hinauf zur Wirts-Hochalm (1688 m). Von dort in gleicher Richtung ansteigen und mit Kehren nördlich empor auf die Ostschulter des Brechhorns. Jetzt dem am Kamm verlaufenden Steig nach links bis zum Gipfel folgen (knapp 3 Std.). Abstieg am schönsten auf der Anstiegsroute.

➡ **Abstieg zum Brechhornhaus und Übergang zur Alpenrosen-Kabinenbahn:** Diese Abstiegsalternative bietet sich besonders an, wenn man mit öffentlichen Verkehrsmitteln angereist ist. Von der Brechhorn-Ostschulter am Kamm nordwärts zum Schledererkopf (1802 m) und über eine Steilstufe in Kehren hinab zum Kreuzjoch. Kurzer Anstieg zum Brechhornhaus (1660 m, privat, bew. Mitte Dez. bis Ende Okt., 50 Schlafplätze, Tel. +43 664 815 85 47) und nordwestlich am Gampenkogel entlang zur Einködlscharte. Auf schönem Höhenweg, der die Nordostflanke des Fleidings quert, in die Höhningerscharte und von dort auf einem Promenadenweg in insgesamt 40 Minuten ab Einködlscharte zur südlich unterhalb des Nachtsöllbergs stehenden Bergstation der Alpenrosen-Kabinenbahn. Damit nach Westendorf im Brixental (Bahnstation) hinunterfahren (2 ¼ Std. ab Brechhorn).

➡ **Vom Brechhhorn über Floch und Gerstingerjoch:** Dieserart wird die Brechhornbesteigung noch ziemlich aufgewertet und zu einer reizvollen Rundtour. Vom Brechhorngipfel südlich über den schmalen, grasigen Grat abwärts. Einen Gratkopf umgeht man auf kleinem Steig am steilen Grashang rechts (westl.) und gelangt in den Wiesensattel vor dem Floch (2057 m). Diesen erreicht man über seinen steilen Nordkamm (1–1 ¼ Std. vom Brechhorn). Vom Floch südlich auf dem gratartigen Kamm steil an Fels und Gras, danach Steigspuren folgend hinab in die Hintenkarscharte (1829 m). (Von dort Abstieg über die Hintenkar-Hoch, 1722 m, und die Hintenkar-Niederalm, 1546 m, in den Unteren Grund möglich. Man würde ihn beim Parkplatz unterhalb der Hintenbachalm, siehe Tour 29, erreichen.) Nun folgt man dem Kamm in Südwestrichtung, umgeht einen Aufschwung rechts und gelangt wieder auf der Kammlinie über einige

Der Doppelgipfel des Großen Rettensteins vom Brechhorn gesehen

Höcker hinweg zum grasigen Vorgipfel. Weiter ohne Schwierigkeiten auf die Graskuppe des Gerstingerjochs (2035 m, + 1½ Std.).

Vom Gipfel steil in Südrichtung abwärts und über einen schmalen Rücken auf eine Erhebung im Kamm. Weiter südlich über Felsstufen und Gras in den Sattel zwischen Gerstingerjoch und Kleinem Tanzkogel (1974 m) und zur Haglanger-Hochalm hinunter. Von dort auf dem an der Ostflanke des Gerstingerjochs entlangführenden Weg hinab zur Haglangeralm und der Almstraße abwärts folgen zur Labalm (1201 m, Sommerwirtschaft, privat, 26 Schlafplätze). Damit ist man praktisch schon im Unteren Grund. Auf der Straße an der Hintenbachalm vorbei talauswärts zur Oberlandhütte (+ gut 2½ Std., Orientierungsvermögen nützlich; die Tour ist nur bei trockenem Boden ratsam).

Zum Kröndlhorn

Mit alljährlichem Gottesdienst

Aleitenspitze vom Weg Streitfeldenalm – Kröndlhorn; nach links zieht sich der lange Verbindungsgrat zum Salzachgeier.

Die Wanderung im Überblick: Gasthaus Wegscheid – Streitfeldenalm – Kröndlhorn – Neue Bamberger Hütte – Gasthaus Wegscheid

leicht
13 ½ km
7 ¼ Std.
1350 Hm
1350 Hm
ab 12

Talort: Kelchsau

Ausgangs-/Endpunkt: Gasthaus Wegscheid (1144 m) im Schluss des Kurzen Grundes

Höhenunterschied: ca. 1350 m

Höchster Punkt: 2444 m

Gehzeit: 7 ¼ Std.

Tourencharakter: leicht; im oberen Teil Trittsicherheit empfohlen

Einkehrmöglichkeit: Neue Bamberger Hütte (1761 m), DAV-Sektion Bamberg, bew. Pfingsten bis Mitte Okt., 90 Schlafplätze, Tel. +43 664 455 94 69

Karte 1 : 50.000: AV-Karte Nr. 34/1, Kitzbüheler Alpen Westl. Blatt

Auskunft: Tourismusverband Kitzbüheler Alpen-Brixental, Tel. +43 5357 20 00

■ Das Kröndlhorn ist der vielleicht am wenigsten besuchte größere Gipfel im Tourengebiet der Neuen Bamberger Hütte. Ein herrlicher Aussichtsberg mit einer winzigen Kapelle auf dem höchsten Punkt (siehe Kasten S. 125). Vom Tourenverlauf her logischer wäre es, zuerst aufs Kröndlhorn zu steigen und beim Abstieg in der Hütte einzukehren. Wer partout bereits beim Hinaufgehen Rast und Stärkung benötigen sollte, macht die Tour eben umgekehrt. Aber am schönsten scheint es doch, wenn das Tagwerk (fast) getan ist und man nach der Pause in der gemütlichen Neuen Bamberger Hütte nur noch den Abstieg nach Wegscheid vor sich hat. Dort lockt mit dem Wirtshaus noch einmal eine Einkehrstation.

Anfahrt: von Hopfgarten/Brixental (siehe Tour 29); Mautstelle südlich hinter Kelchsau (Automat; Münzen bereithalten)

Wegverlauf: vom Gasthaus Wegscheid auf dem guten Hüttenweg, im mittleren Teil mehrmals die Wirtschaftsstraße kreuzend, zur Kuhwildalm (1 ¾ Std.). Hinter ihr, unter dem letzten Aufschwung zur Neuen Bamberger Hütte, links ab (Ww.) und auf kleinem Pfad am Westhang aufwärts – wiederum die Straße kreuzend – zur Streitfeldenalm. Sehr schön in gleicher Richtung weiter zur Wegverzweigung. Dem Wegweiser »Kröndlhorn« über felsendurchsetzte Wiesenhänge und Karböden folgen, zuletzt recht steil östlich und nordöstlich in die Scharte nördlich des Kröndlhorns. Rechts (südlich) an den Gipfelaufschwung und über seine leichten Felsen zum höchsten Punkt (+ 2 ¼ Std.).

Abstieg zunächst auf dem Anstiegsweg. Ab der Verzweigung mit dem Wegweiser rasch hinauf zum Nadernachjoch, dann auf der Nordseite des Dristkopfs bequem zum Salzachjoch (1983 m, Grenze zum Land Salzburg) queren und gemütlich in reizvoller Landschaft zur Neuen Bamberger Hütte. Über die Kehren hinunter zur Kuhwildalm, wo sich der Kreis schließt (bis Wegscheid 3 ¼ Std.).

➡ **Abstecher auf den Dristkopf:** ab Nadernachjoch westlich an den grasbewachsenen Gipfelhang und etwas steil zum zentral stehenden, aussichtsreichen Dristkopf (2359 m, ½ Std. ab Nadernachjoch).

Schrofiger Gipfel: das Kröndlhorn

Älplergottesdienst

Das Gipfelkapellchen auf dem Kröndlhorn wurde zu Ehren der sechsjährigen Rosina Kaiser aus Wald/Pinzgau erbaut. Die Kleine kam im Oktober 1892 nicht mehr zur Watschalm zurück. Erst im Sommer des darauffolgenden Jahres fand man das Kind tot auf dem Kröndlhorn. Vielleicht starb das Mädchen auf der Suche nach einem verloren gegangenen Almtier an Erschöpfung, oder es hatte sich aus kindlicher Neugierde zu hoch hinaufgewagt. Der Bauer Bartholomäus Pöll aus Westendorf/Brixental ließ daraufhin eine Kapelle («Maria Trost«) am Gipfel errichten. Sie verfiel im Lauf der Jahrzehnte, wurde aber 1955 neu aufgebaut. Die Älpler aus dem Pinzgau und aus dem Brixental kommen alljährlich am St.-Laurenzi-Tag (10. August) bei günstiger Witterung zu einem Gottesdienst herauf. »Man muss es miterlebt haben, wenn die Almen und das Vieh vom Pfarrer mit einem Alpenrosenbusch gesegnet werden«, schrieb einmal der Altvorsitzende der Sektion Bamberg des Deutschen Alpenvereins, Erich Kropf.

Vom Kröndlhorn über Kröndlberg und Molterfeldspitze zur Schneegrubenspitze: Von der Scharte nördlich des Kröndlhorns (siehe Seite 123) in Nordrichtung mit leichter Kletterei auf den Gipfel des Kröndlbergs (2440 m, ½ Std.). Weiter nördlich zuerst über große Blöcke, dann an felsigem Grashang abwärts in die Schöberlscharte. Östlich kurz hinunter zum Pfad, der aus der Windau zum Kröndlhorn leitet und auf ihm das blockige, mäßig schwierige Gratstück umgehen. Wieder aufwärts zum Kamm (Steinmanndl). Jetzt immer am Gratrücken – manchmal etwas östlich ausweichend – und nordöstl. über die Molterfeld- zur Schneegrubenspitze (2237 m, 2 Std. vom Kröndlhorn). Weiter am grasigen Kamm Richtung Schneegrubenschartl (1903 m) und bereits vorher weglos westlich abwärts Richtung Schneegrubenalm zum von dieser zur Trattenbachalm leitenden Pfad. Von dort westlich hinunter zum Gasthaus Wegscheid (zusätzlich 2 ¼ Std.)

Auf den Schafsiedel

Wanderung von See zu See

In der Gegend des Mittleren Wildalmsees während des Anstiegs von der Neuen Bamberger Hütte zum Schafsiedel

- leicht
- 14 km
- 6 ½ Std.
- 1300 Hm (Aufstieg)
- 1300 Hm (Abstieg)
- ab 10

Die Wanderung im Überblick: Gasthaus Wegscheid – Kuhwildalm – Neue Bamberger Hütte – Unterer, Mittlerer, Oberer Wildalmsee – Schafsiedel und zurück bzw. Schafsiedel – Salzachgeier-Westgipfel – -Ostgipfel – Neue Bamberger Hütte – Wegscheid

Talort, Ausgangs-/Endpunkt: Gasthaus Wegscheid

Höhenunterschied: 1300 m

Höchster Punkt: 2447 m

Gehzeit: 6 ½ Std.

Tourencharakter: leichte, für Familien mit Kindern geeignete, landschaftlich überaus schöne Bergwandertour

Einkehrmöglichkeit: siehe Tour 31

Karte 1:50.000: AV-Karte Blatt 34/1, Kitzbüheler Alpen Westl. Blatt

Auskunft: Tourismusverband Kitzbüheler Alpen-Brixental, Tel. +43 5357 20 00

■ Berühmt ist dieser Berg vor allem bei Skitourengehern. Aber auch im Frühsommer, zur Zeit der Alpenrosenblüte, oder auch im Herbst/Spätherbst haben die Gipfel um die Neue Bamberger Hütte ihren ganz besonderen Reiz. Vor allem der Schafsiedel mit den drei Wildalmseen darf als Familienbergwanderparadies gepriesen werden. Der Gipfel ist zweitrangig, »von See zu See« heißt die Devise und der Lieblingssee des Verfassers ist der Untere Wildalmsee, weil sich die Berge der Reichenspitzegruppe darin spiegeln. Bergsteigerisch Ambitionierte könnten sich derweil den direkten Gratübergang zum Salzachgeier suchen. Doch dafür muss man ein ziemlich schlauer »Wegfuchs« sein. Die Wildalmseen verstecken sich zunächst. Vom Bereich der Neuen Bamberger Hütte sind sie nicht zu sehen. Dafür jedoch vom Dristkopf oder vom Kröndlhorn. Wie große blaue Augen liegen sie – bei günstigem Licht – in ihren Mulden. Hier ist fraglos die schönste Gegend der Kitzbüheler Alpen.

➡ **Anfahrt:** siehe Tour 31

➡ **Wegverlauf:** wie bei Tour 31 zur Neuen Bamberger Hütte. Nun am rechten Hang flach taleinwärts, bis sich kurz vor der Roßwild-Jagdhütte der Weg teilt (Ww.). Wir wählen den nach rechts aufwärts führenden Steig. Er leitet über einen Grashang hinauf und oberhalb des Bachs zum Unteren Wildalmsee. (Es lohnt sich, auf schmalem Pfad um ihn herum zu gehen; Trittsicherheit!) Über seinem Südufer entlang und in Kehren aufwärts in ein Tälchen. Durch dieses wird der Mittlere Wíldalmsee erreicht. Weiter dem schönen Weg an der rechten Talseite aufwärts folgen und in den letzten Karboden mit dem Oberen Wildalmsee empor. Westlich aufwärts zum Kamm und von Süden her zum Gipfelkreuz. Der Abstieg erfolgt auf dem gleichen Weg.

➡ **Direkter Übergang zum Westlichen Salzachgeier:** Die Tour für gestandene, wegfindige Bergsteiger, die kein GPS-Gerät und keine Markierung brauchen, um sich im alpinen Gelände zurechtzufinden. Es ist nie schwer (maximal Grad I der UIAA-Skala), doch man hätte auch die Chance, sich heillos zu »verfransen«. Hier nur die Eckdaten für die »Wegfüchse«: Vom Schafsiedel zunächst am Grat, dann besser links unterhalb von ihm auf die steil aufstrebende Aleitenspitze (2449 m). Nun besser nicht unmittelbar am Grat weiter, sondern deutlich links der Gratschneide weglos nach Südosten abwärts. Es gilt aber, nicht zu weit von der Gratlinie abzukommen und vielmehr ein Schafsteiglein zu gewinnen, das sich – meist links (östlich) aber auch rechts des Grats – um schroffe Aufschwünge herumwindet und problemlos auf den Schwebenkopf (2354 m) führt. Ab hier bleibt man möglichst direkt in Gratnähe. Vom Schwebenkopf dem Gratverlauf folgend an Gras und Felsen über die Gamsspitze (2393 m) hinweg zum Fünfmandling (2403 m; es stehen fünf Steinmänner dort oben) und zum Molterfeldgeier (2422 m) mit kleinem Kreuz. Der Übergang von hier zum Salzachgeier-Westgipfel scheint kompliziert, doch löst sich rasch alles in Wohlgefallen auf. Ein kleiner Steig leitet rechts der Gratlinie in kurzen Kehren (etwas luftig) hinab. Weiter am Grat, bald über eine leichte Felsrampe (I) schräg hoch (linke Gratseite) und problemlos auf den Westlichen Salzachgeier (2469 m, ab Schafsiedel 2–2½ Std.).

➡ **Übergang zum Östlichen Salzachgeier:** Man sucht sich den Weg des geringsten Widerstands (am besten erst an der Nordseite) durch die unsägliche Trümmerhalde, umgeht sie aus der Senke zwischen beiden Gipfeln jedoch besser rechts (südl.) an steindurchsetzten Steilgrashängen (Steigspuren). Durch eine Mulde und danach noch mal steil gelangt man auf die Südostschulter des Östlichen

An der Grenze zwischen Tirol und Land Salzburg: das Markkirchl im Salzachjoch, darüber der Östliche Salzachgeier

Salzachgeiers und erreicht zuletzt über dessen Normalroute den Gipfel (+ ½ Std.).

Ein schmaler Graspfad führt zunächst in steilen Serpentinen südöstlich abwärts, ehe es an der Ostseite des Salzachgeiers angenehmer hinuntergeht. Man überquert Bachläufe nach links und gelangt nordseitig oberhalb eines Bacheinschnitts zu schönen, flachen Wiesenböden und zum Almsträßchen, das vom Salzachjoch nach Königsleiten führt. Kurzer Gegenanstieg ins Salzachjoch (1983 m, + 1 Std.) mit dem malerischen Markkirchl und gemächlicher Abstieg nordöstlich zur Neuen Bamberger Hütte: Gesamtzeit 10 Stunden. Höhenunterschied ca. 1500 m, eine der längsten und lohnendsten Bergtouren in den Kitzbüheler Alpen.

33

Sagtalerspitze und Gamskopf

Teilstück des größten Galtenberggrats

Im Abstieg vom Krinnjoch zwischen Gamskopf und Tristenkopf; bildbeherrschend der Gratlspitz, der Alpbacher Hausberg

Die Wanderung im Überblick: Alpbach-Wiedersbergerhorn-Bahn-Talstation – Hornboden – Sagtalerspitze – Tapenkopf – Gamskopf – Krinnjoch – Inneralpbach

- schwer
- 11 km
- 7 Std.
- 560 Hm
- 1280 Hm
- ab 14

Talort: Alpbach

Ausgangspunkt: Talstation der Wiedersbergerhorn-Bahn (822 m)

Endpunkt: Inneralpbach (1031 m); ab dort per Bus zurück zur Seilbahn-Talstation

Höhenunterschied: 560 m

Höchster Punkt: 2266 m

Gehzeit: 7 Std.

Tourencharakter: bis Sagtalerspitze leicht, danach Trittsicherheit und Schwindelfreiheit erforderlich

Einkehrmöglichkeit: Kleinkabinenbahn-Bergstation, Almwirtschaft hinterm Wiedersbergerhorn

Karte 1:50.000: AV-Karte Nr. 34/1

Auskunft: Alpachtal Tourismus, Tel. +43 5336 200 941

■ Bergwanderfreunde, die leichten Herzens eine schöne, leichte Höhenweg- und Gipfeltour genießen möchten, steigen übers Wiedersbergerhorn und den Hochstand zur Sagtalerspitze und wieder retour, wobei sie den Gipfel des Wiedersbergerhorns auch auf dem »Panoramaweg« östlich umgehen können. Wer schärfere Kost nicht verachtet, folgt von der Sagtalerspitze dem Gratweg (er zeigt sofort Zähne!) weiter über Tapen- und Gamskopf bis ins Krinnjoch. Dort könnte man über den Wegweiser »Zur Seilbahn« eigentlich lachen, wenn's nicht so gefährlich wäre: Wehe man würde ihm folgen und das Gelände nicht beherrschen! Also sich als reine Wanderer ja nicht dazu verleiten lassen, da einzusteigen. Für denjenigen, der die Tour umgekehrt plant, zuerst das Krinnjoch anstrebt und dann Richtung Wiedersbergerhorn möchte ist in dieser Richtung spätestens am Gamskopf Endstation, denn danach wird es äußerst anspruchsvoll. Noch schwieriger wäre der Weiterweg vom Krinnjoch über Tristenkopf und Kleinen Galtenberg zum Großen Galtenberg: die Toptour in den Kitzbüheler Alpen überhaupt, aber nur für gute Bergsteiger. Der Verfasser weiß, wovon er schreibt.

➡ **Anfahrt:** mit dem Auto auf der Inntalautobahn (A 93) bis Anschlussstelle Kramsach, nach Brixlegg und ins Alpbachtal; Bahn/Bus: Brixlegg ist Bahnstation, von dort Busverbindung (Haltestelle Wiedersbergerhorn-Bahn)

➡ **Wegverlauf:** von der Bergstation der Wiedersbergerhorn-Bahn (1804 m) immer auf dem teils ziemlich steilen, markierten Nordostgrat zum Wiedersbergerhorn (2127 m, gut ¾ Std.). (Auf dem sog. Panoramaweg kann man es auch links – östlich – umgehen.) Nun auf deutlichem Steig südlich abwärts und dem Kamm insgesamt ansteigend folgend, über den Hochstand (2069 m) hinweg, bis vor den steilen Graskegel der Sagtalerspitze (2244 m; auch Standkopf). Nahe dem Nordgrat ohne Schwierigkeiten auf den Gipfel (+ 1¼ Std.). Ab hier sind die schwierigeren Felsstellen bis zum Gamskopf mit Drahtseilen, teils mit Drahtseilen und Eisenklammern, gesichert (Vorsicht auf lockere Verankerungen, die es in diesem grasdurchsetzten Gelände allemal geben kann!) Vom Gipfel der Sagtalerspitze ziemlich steil östlich über Gras (Pfädchen) hinab in eine Scharte, dann an der rechten Gratseite (auf Markierung achten!) bis unter den Vorgipfel des Tapenkopfs, den man ebenfalls rechts (südl.) umgeht. In der Folge teils über den leichten Felsgrat, überwiegend jedoch in die Südflanke ausweichend (teils ziemlich ausgesetzt) auf den Tapenkopf (2266 m). Er bricht nach Osten sehr steil und felsig ab. Erst noch an Drahtseilen am Grat, dann rechts durch eine steile, gut gesicherte Felsrinne in der Südflanke abwärts, hierauf nach links wieder zum jetzt flacheren, aber immer noch felsigen Grat zurück. Über eine zwei Meter hohe, steile Stufe in eine Scharte und über einige Zacken hinweg in die Scharte vor dem Gamskopf (2205 m). Die Markierung leitet an diesem rechts vorbei, man kann ihn zuletzt sozusagen von hinten leicht ersteigen. Über einen mäßig steilen bis steilen Grasgrat (ausgetretenes Steiglein) ins Krinnjoch (1998 m, + 2 ¼ Std.; auf der f&b-Karte irreführend Tristenjoch; dieses befindet sich zwischen Tristenkopf und Kleinem Galtenberg). Nun nördlich auf deutlichem Bergsteig in der Mulde abwärts und auf eine Schulter hinaus, von wo aus der Pfad insgesamt rechtshaltend in langen Kehren abwärts leitet, zuletzt auf Sträßchen zur Farmkehr-Niederalm (1521 m). Dem Greitergraben-Sträßchen nach talauswärts nach Inneralpbach zur Busstation.

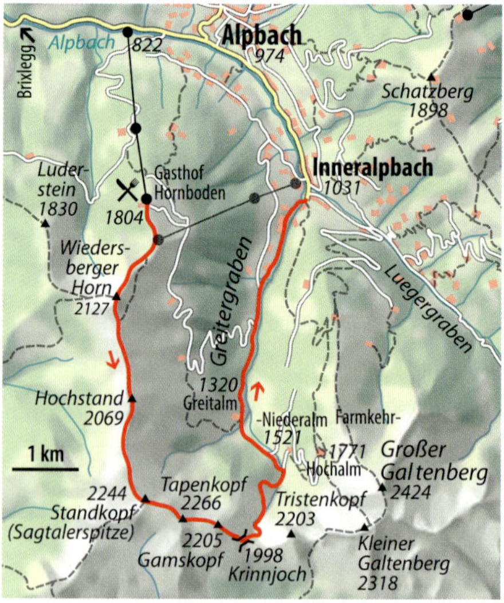

Erlebe mich!
Wir haben alles, was Du dafür brauchst.
SPORTLER
- best in the alps!
ALLIANCE partner

Zur Richterspitze

Dreitausender im Reichenspitzkamm

Ausblick vom Gipfel der Richterspitze im Reichenspitzkamm der Zillertaler Alpen auf Hahnenkamm, Reichenspitze und Gabler (von links nach rechts)

Die Wanderung im Überblick: Krimml – Krimmler Tauernhaus – Richterhütte – Gamsscharte – Richterspitze und zurück

Talort: Krimml/Oberpinzgau

mittel
17 km
13 Std.
1980 Hm
1980 Hm
ab 16

Ausgangs-/Endpunkt: Krimmler Tauernhaus (1622 m)

Höhenunterschied: 1980 m

Höchster Punkt: 3052 m

Gehzeit: 10 bzw. 13 Std.

Tourencharakter: 2-Tage-Tour, Gipfelaufbau (kurzer Blockgrat) gesichert, Trittsicherheit nötig

Einkehrmöglichkeiten: Krimmler Tauernhaus, Tel. +43 6564 8327; Richterhütte (2374 m), Tel. +43 664 370 49 08

Karte 1:25.000: AV-Karte Nr. 35/3, Zillertaler Alpen Östl. Blatt

Auskunft: Tourismusverband Krimml, Tel. +43 6564 723 90

■ In der Reichenspitzgruppe der östlichen Zillertaler Alpen war es schon immer etwas ruhiger als in den hinlänglich bekannten Rest-Zillertalern. Ein sehr schönes Bergwanderrevier ist das Tourengebiet um die Richterhütte, das mit der Richterspitze sogar einen Wander-Dreitausender bereithält. Aber Vorsicht: Hochtour bleibt Hochtour, die Verhältnisse müssen einwandfrei sein (trockener Fels, kein Eis, kein Schnee) und das Wetter sicher. Sonst tobt dort oben die Hölle! Die bergsteigerischen Anforderungen sind nicht allzu groß: Am kurzen, blockigen Gipfelgrat heißt es, auch mal Hand an den Fels zu legen. Aber dann steht man oben auf über 3000 Meter, blickt zu den westlichen Ketten der Zillertaler Alpen und in die Venedigergruppe der Hohen Tauern, in der aus dieser Sicht die stolze Rötspitze dominiert. In unmittelbarer Umgebung wird der schroffe Felsturm des Nördlichen Schwarzkopfs zum Blickfang, ein reiner Klettergipfel. Und im Norden natürlich die Reichenspitze (3303 m), der Hauptgipfel der Gruppe. Ein langer, schwieriger Klettergrat zieht sich dort hinüber, feine Kost für Urgesteinsliebhaber.

➡ **Anfahrt:** von Krimml (dorthin über den Gerlospass, den Pass Thurn oder von Zell am See; oder von Zell am See mit der Pinzgau-

bahn), vom Eingang in den Krimmler-Wasserfall-Weg ist das Krimmler Tauernhaus mit Jeep-Taxi zu erreichen (schöner zu Fuß über den Wasserfallweg und durchs Krimmler Achental, 3 Std.).

➡ **Wegverlauf:** vom Krimmler Tauernhaus dem Schild »Richterhütte« folgen. Zunächst durch Hochwald aufwärts und an der Rainbach-Jagdhütte vorbei zur Rainbachalm. Das schöne Tal wird

Richterhütte mit Nadelspitzen, Spaten und Südlichem Schwarzkopf – alle drei Kletterberge

nun weiter und gibt bald den Blick frei auf die schroff geformten Gipfel der südlichen Reichenspitzgruppe. Von den Keesböden im Talschluss führt der Steig im blockigen Gelände hinauf zur schon länger sichtbaren und herrlich gelegenen Richterhütte (2 ½ Std.). Nun auf markiertem Steig südlich und dann nordwestlich durch das Rainbachkar und in zahlreichen Serpentinen in die Gamsscharte (2972 m). Über die Blöcke des Südgrats (anfangs kurze, gesicherte Steilstufe) zum Kreuz (zusätzlich 2 ½ Std.). Der Abstieg erfolgt auf der Anstiegsroute.

»Warze« oder »Rheydter Spitze«?

Auf dem Weg zur Richterspitze gibt es ab Richterhütte noch die ganz einfache Wanderung auf den »Hausberg«, der früher »Warze« hieß und später einigermaßen großspurig in »Rheydter Spitze« umbenannt wurde: Dem Weg Westliche Windbachscharte/ Krimmler Tauern folgen. Bald zu einem kleinen See und hinauf zur Westlichen Windbachscharte (2696 m). Dort in Südwestrichtung über einen leichten, blockbedeckten Rücken auf die »Rheydter Spitze« (2802 m). Von hier ist man den Gneis-Kletterbergen des Reichenspitze-Südkamms schon recht nahe.

➡ **Auf den Roßkopf:** Die Bergwandermöglichkeiten um die Richterhütte sind etwas rar, darum sei hier noch der Roßkopf vorgestellt, wiewohl er bereits ganz auf Salzburger Boden steht. Von der Hütte auf dem Zugangsweg abwärts, bis oberhalb der Keesböden (ca. 2200 m) der »Peter-Obholzer-Weg« links abzweigt, dem man folgt. Er führt in weitem Bogen an den das Rainbachtal nordwestlich begrenzenden Hängen entlang. Später auf einer mit Blöcken übersäten Hangterrasse zur malerisch gelegenen Roßkarlacke. Von dort ins stille Roßkar und nordwestlich dem Steig folgen in die Roßkarscharte (2690 m). Nun nördlich des Kammverlaufs rechts über Blöcke auf den Gipfel des Roßkopfs (2845 m, 2 ½ Std.). Abstieg zur Richterhütte wie Aufstieg (es empfiehlt sich, die Tour an den Schluss des Aufenthalts zu legen, weil man sich so den Gegenanstieg zur Hütte erspart).

35

Über die Schönbichlerscharte

Von der Berliner Hütte zum Furtschaglhaus

Eines der Highlights am Schönbichlergrat: Waxeckkees mit Kleinem und Großem Möseler; im rechten Bildteil das ausapernde Firndreieck

Die Wanderung im Überblick: Gasthaus Breitlahner – Berliner Hütte – Schönbichlerscharte – Schönbichlerhorn – Furtschaglhaus – Schlegeisgrund – Dominikushütte

schwer
20 km
10 Std.
2000 Hm
1400 Hm
ab 16

Talort: Ginzling-Dornauberg

Ausgangspunkt: Gasthaus Breitlahner (1256 m)

Höhenunterschied: knapp 2000 m

Höchster Punkt: 3134 m

Gehzeit: 9 ½ – 10 Std.

Tourencharakter: gletscherfreie, teilweise mit Drahtseilen ausgestattete 2-Tage-Hochtour (ggf. Klettersteigset), die gute Kondition und Trittsicherheit erfordert

Einkehrmöglichkeiten: Grawandhütte, Gasthaus »Alpenrose«; Berliner Hütte (2042 m), Tel. +43 5286 5223; Furtschaglhaus

Karte 1 : 25.000: AV-Karte Nr. 35/2, Zillertaler Alpen Mittl. Blatt

Auskunft: Tourismusverband Mayrhofen, Tel. +43 5285 67 60 33

■ Die Rede ist hier zwar von der Schönbichlerscharte, gemeint ist aber insgeheim das Schönbichlerhorn, denn wer würde die wenigen Höhenmeter nicht noch packen, um ganz oben zu stehen und über ein Meer von Zillertaler Gipfeln zu schauen wie Großer Möseler, Hochfeiler, Hochferner, Turnerkamp, Zsigmondyspitze. Das Schönbichlerhorn ist einer der großen Aussichtsberge in den Ostalpen und die hier präsentierte klassische Überschreitung das Kernstück des berühmten »Berliner Höhenwegs«. Die vielen Einkehrstationen lassen auch diesen 2000-Höhenmeter-Hammer erträglich werden, nur am Teilstück von der Berliner Hütte zum Schönbichlerhorn heißt es sich wirklich durchzubeißen.

Das Nachtquartier, die Berliner Hütte, ist ein ganz besonderes Refugium. Die »Urzelle« wurde 1879 feierlich eröffnet, »mit Gesang und Zitherspiel«. Bereits 1883 dachte man an eine Vergrößerung der viel besuchten Unterkunft. Zwei Jahre später war der notwendige Anbau fertiggestellt. Die nächste Erweiterung stand für 1888 an. »Erst der große Aus- und Umbau im Jahre 1912, in dem der Gestaltungswille des späten Kaiserreiches und der Erfahrungsschatz hochalpiner Zweckmäßigkeit den faszinierenden Baukörper des sogenannten Haupthauses entstehen ließen, machte die Berliner Hütte zu der Besonderheit, die sie auch heute noch ist« (Bernd Schröder, DAV-Sektion Berlin; siehe auch Kasten S. 140). Allerdings wird das Schutzhaus

Die Berliner Hütte im Herzen der Zillertaler Alpen

heutzutage wieder verhältnismäßig einfach geführt. Die Kräfte der alpinen Bewegung – was die Alpenvereine betrifft – liegen nunmehr eher im praktischen Naturschutz. Schwerpunkt: umweltgerechte Ver- und Entsorgung der Hütten. Versorgt wird die Berliner Hütte weitgehend durch ihr traditionsreiches Kleinwasserkraftwerk. Eine bestehende Ausfaul-Behälteranlage ist in eine mechanisch-biologische Kläranlage umgerüstet worden. Somit erreichen die Abwässer fast wieder Trinkwasserqualität.

Anfahrt: mit dem Auto durchs Zillertal nach Mayrhofen, von dort dem Zemmbach entlang nach Ginzling-Dornauberg und auf ampelgeregelter Zufahrt zum Breitlahner; Bahn/Bus: Zillertalbahn bis Mayrhofen, ab dort Linienbus

Wegverlauf: vom Breitlahner auf dem schönen AV-Weg Nr. 523 durch den Zemmgrund über die Schwemmalm, die Grawandhütte und das Gasthaus »Alpenrose« zur Berliner Hütte (3 Std.). Dort südlich abwärts und auf dem AV-Weg Nr. 502 über den Schönbichlergrat bis an die Steilflanke, mit der die Schönbichlerscharte nordostseitig abbricht. Über die blockige, teils erdige/sandige Flanke (Sicherungen) zur Scharte und rechts über den kurzen, plattigen Grat zum Gipfel des Schönbichlerhorns (+ 3 ½ Std.). Zurück zur Scharte und westl. in und am Rand einer steilen Rinne auf schlechtem Steig, danach auf einem Rücken und in Serpentinen abwärts zum Furtschaglhaus (2293 m, Sektion Berlin). Auf dem Hüttenweg hinunter in den Schlegeisgrund, zum Schlegeisspeicher und an ihm entlang hinaus zur Dominikushütte (1805 m). Mit dem Bus (vor Antritt der Tour Fahrplan studieren) oder per Anhalter zurück zum Breitlahner.

Tirol
Augenblicke für immer.
Tirol am Stück erwandern
Alle Etappen, Streckenbeschreibungen, Pauschalen und interaktive Features zum Tiroler Weitwanderweg Nr. 1 unter
www.adlerweg.tirol.at
Tirol. Herz der Alpen.

Register